Impressum
Verlag: BABADADA GmbH, Nedderfeld 112 , 22529 Hamburg
Geschäftsführer / Verlagsleitung: Harald Hof
Druck: Books on Demand GmbH, In de Tarpen 42, 22848 Norderstedt

Imprint
Publisher: BABADADA GmbH, Nedderfeld 112 , 22529 Hamburg, Germany
Managing Director / Publishing direction: Harald Hof
Print: Books on Demand GmbH, In de Tarpen 42, 22848 Norderstedt, Germany

школа

اسکول

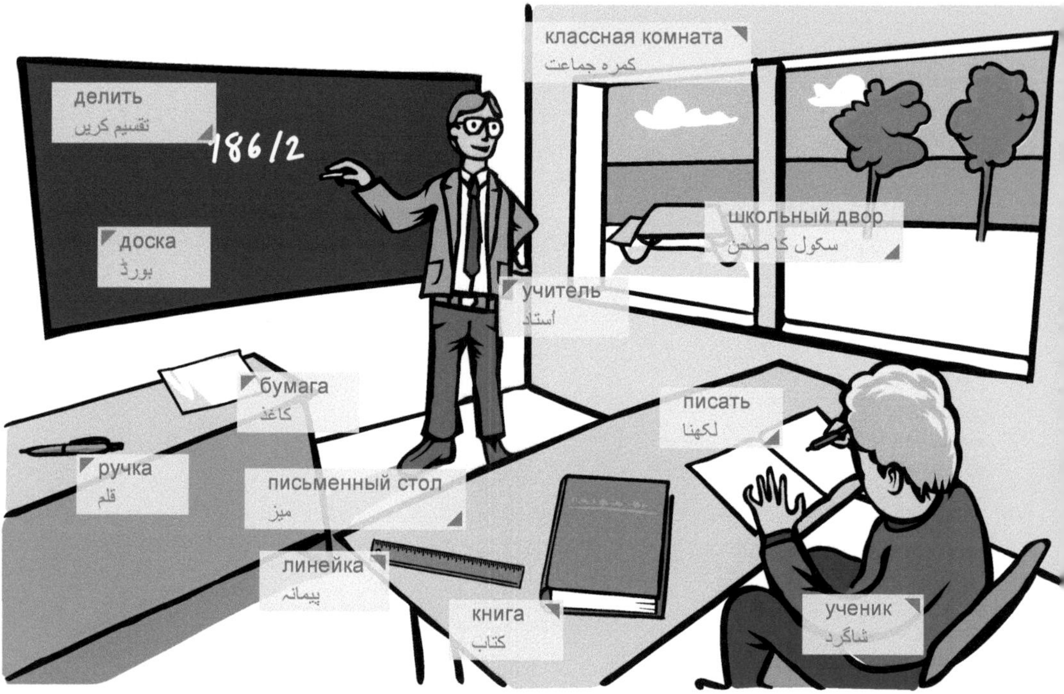

классная комната
کمرہ جماعت
делить
تقسیم کریں
186/2
доска
بورڈ
школьный двор
سکول کا صحن
учитель
اُستاد
бумага
کاغذ
писать
لکھنا
ручка
قلم
письменный стол
میز
линейка
پیمانہ
книга
کتاب
ученик
شاگرد

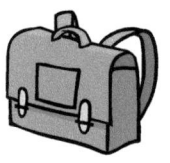

ранец

بستہ

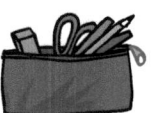

пенал

پینسل کیس

карандаш

پینسل

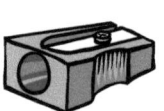

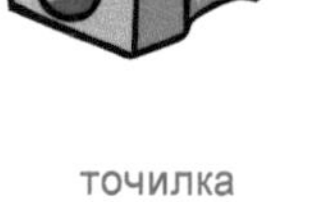

точилка

پینسل شارپنر

ластик

ربڑ

альбом для рисования

ڈرائنگ پیڈ

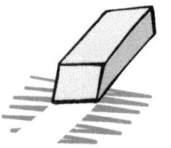

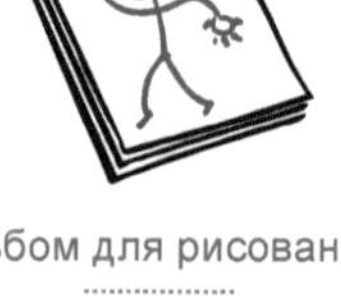

рисунок

ڈراننگ

кисточка

پینٹ برش

коробка красок

پینٹ باکس

ножницы

قینچی

клей

گوند

тетрадь

مشق کی کاپی

домашняя работа

ہوم ورک

12

цифра

ہندسہ

2+2

прибавлять

جمع کریں

5-2

вычитать

منفی کریں

2×2

умножать

ضرب دیں

считать

شمارکریں

A

буква

خط

ABCDEFG HIJKLMN OPQRSTU VWXYZ

алфавит

حروف تہجی

hello

слово

لفظ

текст

متن

читать

پڑھنا

мел

چاک

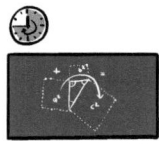

урок

سبق

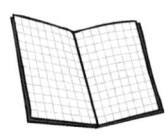

классный журнал

اندراج

экзамен

امتحان

диплом

سند

школьная форма

سکول یونیفارم

образование

تعلیم

энциклопедия

انسائیکلوپیڈیا

университет

یونیورسٹی

микроскоп

خورد بین

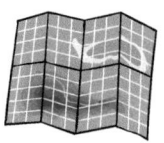

карта

نقشہ

корзина для бумаг

ویسٹ پیپر باسکٹ

путешествие

سفر

Grand
гостиница
ہوٹل
турбаза
ہاسٹل
ROOMS
пункт обмена валюты
رقم تبدیل کرانے کیلئے دفتر
чемодан
سوٹ کیس
автомобиль
کار

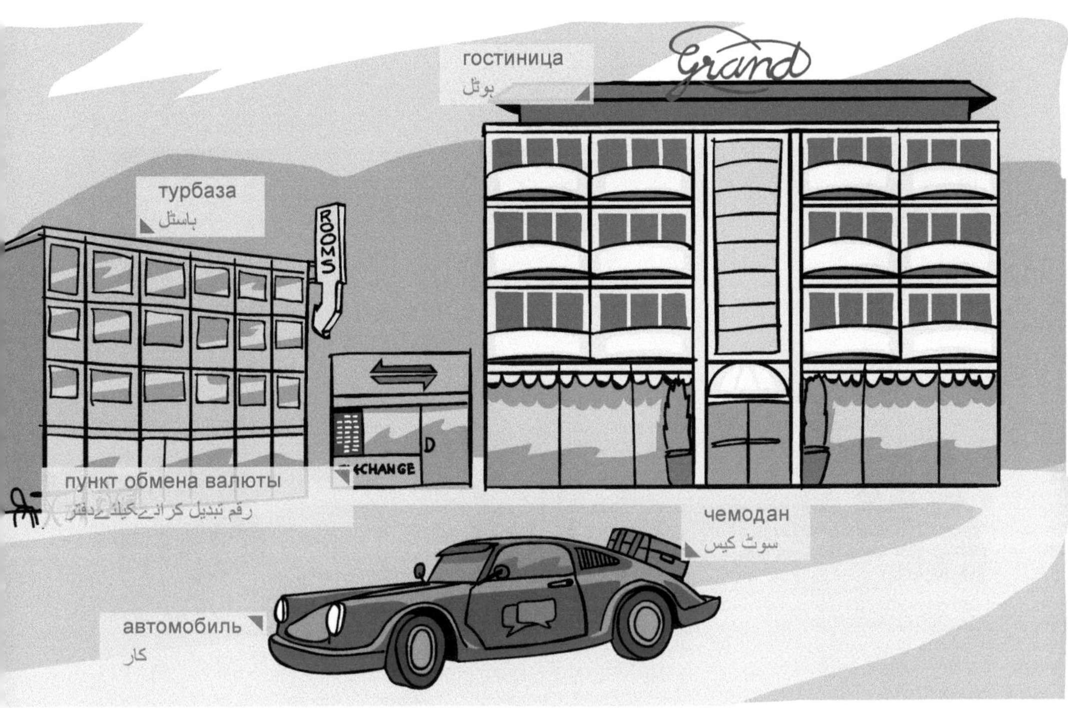

язык

زبان

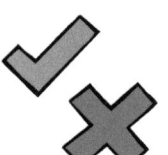

да / нет

ہاں / نہیں

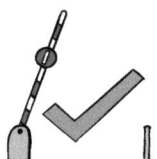

хорошо

ٹھیک ہے

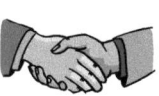

Привет

ہیلو

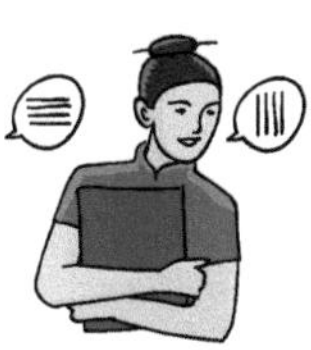

переводчик

مُترجم

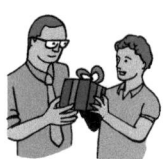

Спасибо

شُکریہ

Сколько стоит...?

۔۔۔ کی کیا قیمت ہے؟

Я не понимаю

میں نہیں سمجھتا

проблема

مشکل

Добрый вечер!

شام بخیر!

Доброе утро!

صبح بخیر!

Доброй ночи!

شب بخیر!

До свидания

الوداع

направление

سمت

багаж

سفری سامان

сумка

بیگ

рюкзак

بیگ پیک

гость

مہمان

комната

کمرہ

спальный мешок

سلیپنگ بیگ

палатка

ٹینٹ

туристическая
информация
سیاحوں کے لئے معلومات

пляж
ساحل

кредитная карточка
کریڈٹ کارڈ

завтрак
ناشتہ

обед
لنچ

ужин
ڈنر

билет
ٹکٹ

лифт
لفٹ

почтовая марка
مہر

граница
سرحد

таможня
کسٹمز

посольство
سفارت خانہ

виза
ویزا

паспорт
پاسپورٹ

транспорт

نقل وحمل

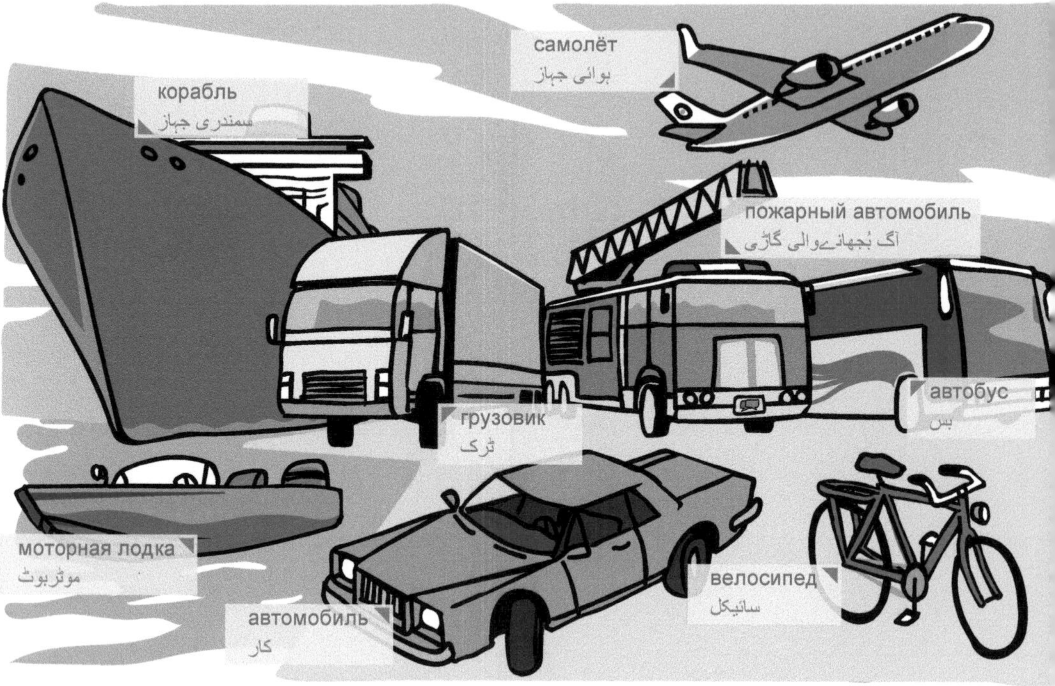

самолёт
ہوائی جہاز
корабль
سمندری جہاز
пожарный автомобиль
آگ بُجھانےوالی گاڑی
автобус
بس
грузовик
ٹرک
моторная лодка
موٹربوٹ
велосипед
سائیکل
автомобиль
کار

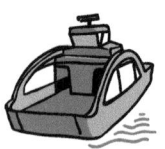

паром

فیری

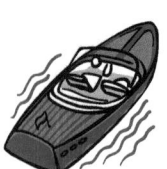

лодка

کشتی

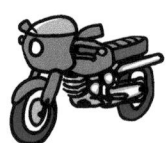

мотоцикл

موٹرسائیکل

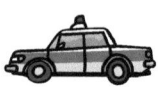

полицейский автомобиль

پولیس کار

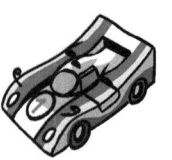

гоночный автомобиль

ریسنگ کار

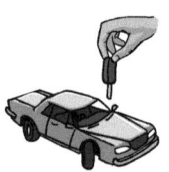

арендованный автомобиль

کرایہ پرکار

совместное пользование
автомобилями

کار کا اشتراک کرنا

буксировочный
автомобиль

کھینچنے والا ٹرک

мусоровоз

کوڑے والا ٹرک

двигатель

کار

топливо

ایندھن

заправка

پٹرول اسٹیشن

дорожный знак

ٹریفک کے نشانات

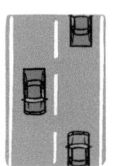

движение

ٹریفک

пробка

ٹریفک جام

автостоянка

کار پارک

вокзал

ٹرین اسٹیشن

рельсы

پٹریاں

поезд

ٹرین

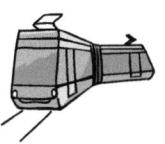

трамвай

ٹرام

вагон

ویگن

вертолёт

ہیلی کاپٹر

аэропорт

ائرپورٹ

вышка

ٹاور

пассажир

مسافر

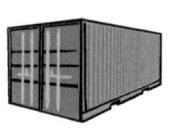

контейнер

کنٹینر

коробка

ڈبہ

тележка

ریڑھا

корзина

ٹوکری

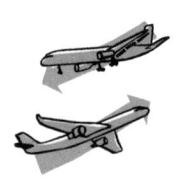

взлетать / приземляться

اڑان بھرنا / زمین پر اترنا

город

شہر

деревня

گاؤں

центр города

سٹی سنٹر

дом

مکان

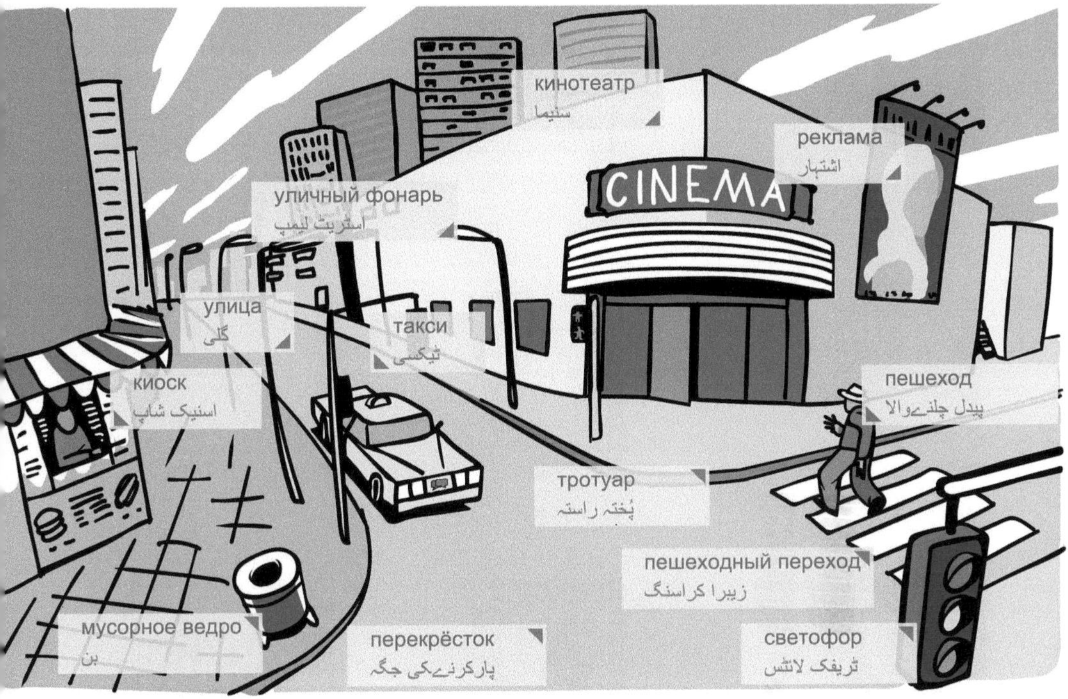

кинотеатр
سنیما
CINEMA
реклама
اشتہار
уличный фонарь
اسٹریٹ لیمپ
улица
گلی
такси
ٹیکسی
киоск
اسنیک شاپ
пешеход
پیدل چلنےوالا
тротуар
پُختہ راستہ
пешеходный переход
زیبرا کراسنگ
мусорное ведро
بن
перекрёсток
پارکرنےکی جگہ
светофор
ٹریفک لائٹس

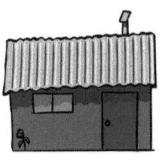

хижина

ہٹ

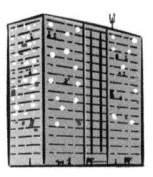

квартира

فلیٹ

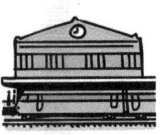

вокзал

ٹرین اسٹیشن

ратуша

ٹاؤن ہال

MUSEUM

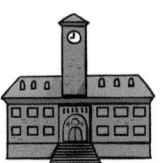

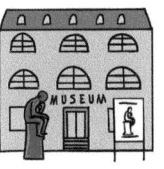

музей

عجائب گھر

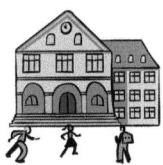

школа

اسکول

университет

يونيورسٹی

банк

بینک

больница

ہسپتال

гостиница

ہوٹل

аптека

فارمیسی

офис

دفتر

книжный магазин

کتابوں کی دُکان

магазин

دکان

цветочный магазин

پھولوں کی دُکان

супермаркет

سُپرمارکیٹ

рынок

مارکیٹ

универмаг

ڈیپارٹمنٹ سٹور

торговец рыбой

مچھلی کی دُکان

торговый центр

شاپنگ سنٹر

порт

بندرگاہ

парк

پارک

скамейка

بنچ

мост

پُل

лестница

سیڑھیاں

метро

انڈرگراؤنڈ

тоннель

سُرنگ

автобусная остановка

بس اسٹاپ

бар

شراب خانہ

ресторан

ریسٹورنٹ

почтовый ящик

پوسٹ باکس

табличка с названием улицы

اسٹریٹ سائن

паркометр

پارکنگ میٹر

зоопарк

چڑیا گھر

бассейн

سونمنگ پول

мечеть

مسجد

ферма

کھیت

загрязнение окружающей
среды

آلودگی

кладбище

قبرستان

церковь

چرچ

детская площадка

کھیل کا میدان

храм

مندر

ландшафт

منظر

лист
پتہ

дорожный указатель
رہنمائی کرنے والا ہوا بورڈ

дорога
راستہ

луг
سبزہ زار

камень
پتھر

дерево
درخت

путешественник
پیدل چلنے والا، بانکر

река
دریا

трава
گھاس

цветок
پھول

долина

وادی

гора

پہاڑی

озеро

جھیل

лес

جنگل

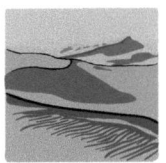

пустыня

صحرا

вулкан

آتش فشاں

замок

قلعہ

радуга

قوس قزح

гриб

گھمبی

пальма

کجھورکا درخت

комар

مچھر

муха

مکھی

муравей

چیونٹی

пчела

مکھی

паук

مکڑا

жук

بھونرا

лягушка

مینڈک

белка

گلہری

еж

خارپُشت

заяц

خرگوش

сова

اُلو

птица

پرندہ

лебедь

راج ہنس

кабан

سؤر

олень

ہرن

лось

امریکی بارہ سنگھا

плотина

ڈیم

ветряной генератор

ہوا سے چلنے والی ٹربائنین

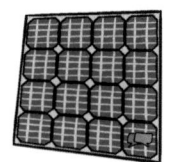

солнечная батарея

سولرپینل

климат

آب وہوا

ресторан
ریسٹورنٹ

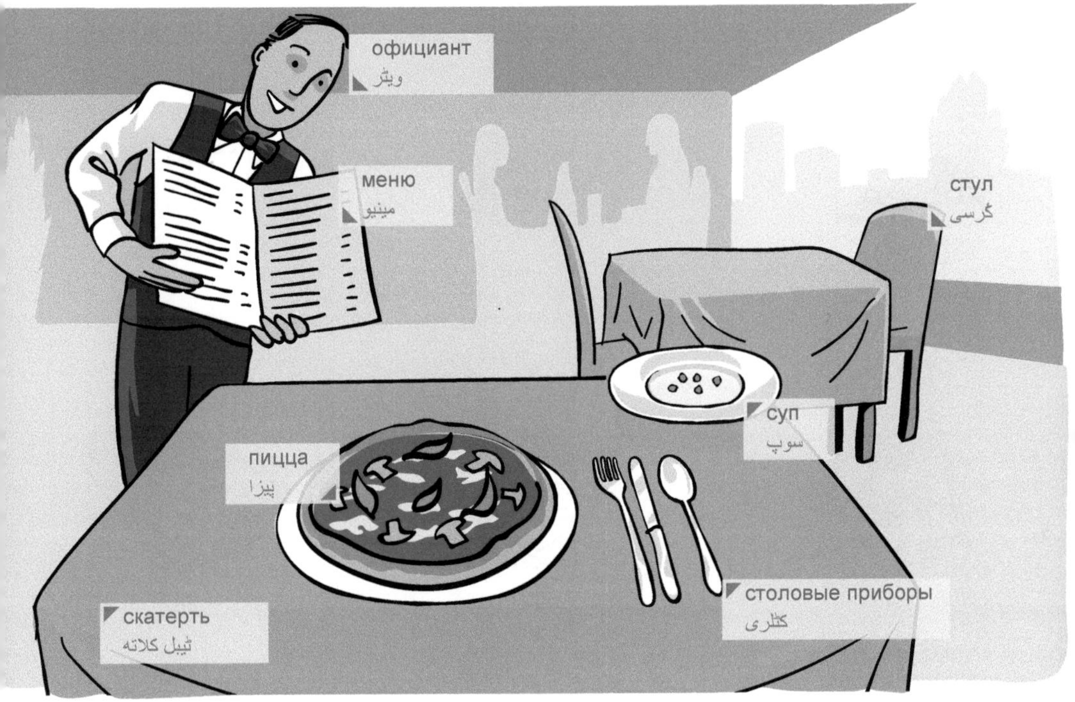
официант
ویٹر
меню
مینیو
стул
کُرسی
суп
سوپ
пицца
پیزا
скатерть
ٹیبل کلاتھ
столовые приборы
کٹلری

закуска

استارٹر

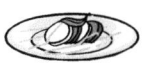

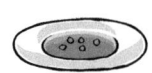

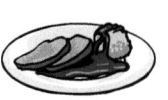

главное блюдо

مین کورس

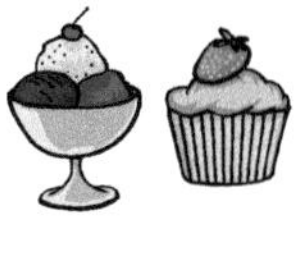

десерт

ڈیزرٹ

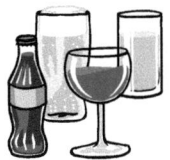

напитки

مشروبات

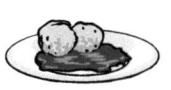

еда

کھانے کی اشیاء

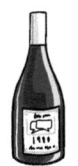

бутылка

بوتل

фастфуд

فاسٹ فوڈ

уличная еда

اسٹریٹ فوڈ

чайник

چائےدانی

сахарница

شوگر باکس

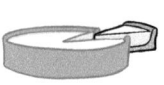

порция

حصہ

кофеварка

ایسپریسو مشین

детский стульчик

اونچی کرسی

счет

بل

поднос

ٹرے

нож

چھُری

вилка

کانٹا

ложка

چمچ

чайная ложка

چائے کا چمچ

салфетка

سرویینٹی

стакан

شیشہ

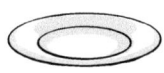

тарелка

پلیٹ

суповая тарелка

سوپ پلیٹ

блюдце

طشتری

соус

چٹنی

солонка

سالٹ شیکر

мельница для перца

پیپرمل

уксус

سرکہ

масло

خوردنی تیل

специи

مصالحے

кетчуп

کیچپ

горчица

سرسوں

майонез

مینونیز

специальное предложение
خصوصی پیشکش

покупатель
گاہک

молочные продукты
ڈیری

фрукты
پھل

тележка для покупок
ٹرالی

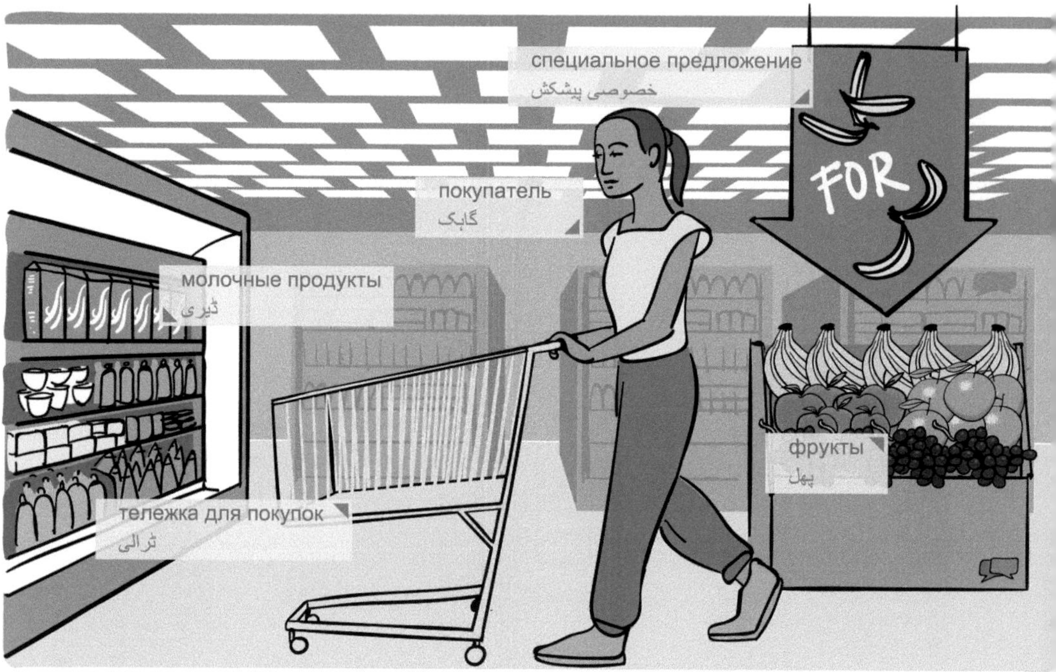

мясной магазин

گوشت کی دُکان

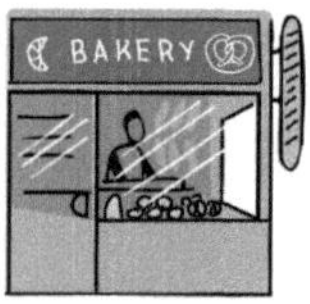

пекарня

بیکری

взвешивать

وزن کرنا

овощи

سبزیاں

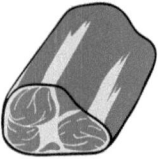

мясо

گوشت

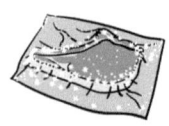

быстрозамороженные
продукты

جما ہوا کھانا

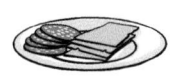

нарезка

كولڈ كٹس

консервы

ڈبے ميں بند كهانا

стиральный порошок

واشنگ پاؤڈر

сладости

مٹهائياں

предмет домашнего обихода

گهريلو مصنوعات

моющее средство

صاف كرنے كيلئے مصنوعات

продавщица

سيلز پرسن

касса

كيش رجسٹر

кассир

كيشنير

список покупок

خريداری كی فهرست

время работы

اوقات كار

бумажник

بٹوہ

кредитная карточка

كريڈٹ كارڈ

сумка

تهيلا

полиэтиленовый пакет

پلاسٹك كے تهيلے

вода

پانی

сок

جوس، رس

молоко

دودھ

кока-кола

کوک

вино

وائن

пиво

بیئر

алкоголь

الکوحل

какао

کوکوآ

чай

چائے

кофе

کافی

эспрессо

ایسپریسو

капучино

کیپاچینو

банан

كيلا

яблоко

سيب

апельсин

مالٹا

арбуз

خربوزہ

лимон

ليموں

морковь

گاجر

чеснок

لہسن

бамбук

بانس

лук

پياز

гриб

كھُمبى

орехи

اخروٹ، بادام وغيره

лапша

نوڈلز

спагетти

اسپیگیٹی

рис

چاول

салат

سلاد

картофель фри

چپس

жареный картофель

تلے گئے آلو

пицца

پیزا

гамбургер

ہیم برگر

сэндвич

سینڈوچ

шницель

کٹلٹ

ветчина

سؤرکی ران کا گوشت

салями

گوشت کی اطالوی ساسیج

колбаса

ساسیج

курица

مُرغی

жаркое

روسٹ

рыба

مچھلی

کھانے کی اشیاء - **еда**

овсяные хлопья

جئی کا دلیہ

мюсли

میوزلی

кукурузные хлопья

کارن فلیکس

мука

آٹا

круассан

کروئیسنٹ

булочка

بریڈ رول

хлеб

بریڈ

тост

ٹوسٹ

печенье

بسکٹ

масло

مکھن

творог

دہی

пирог

کیک

яйцо

انڈا

яичница

فرائی کیا گیا انڈہ

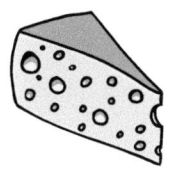

сыр

پنیر

мороженое

أئس كريم

сахар

چینی

мёд

شہد

мармелад

جام

крем с нугой

ناؤگٹ كریم

карри

سالن

ферма

کھیت

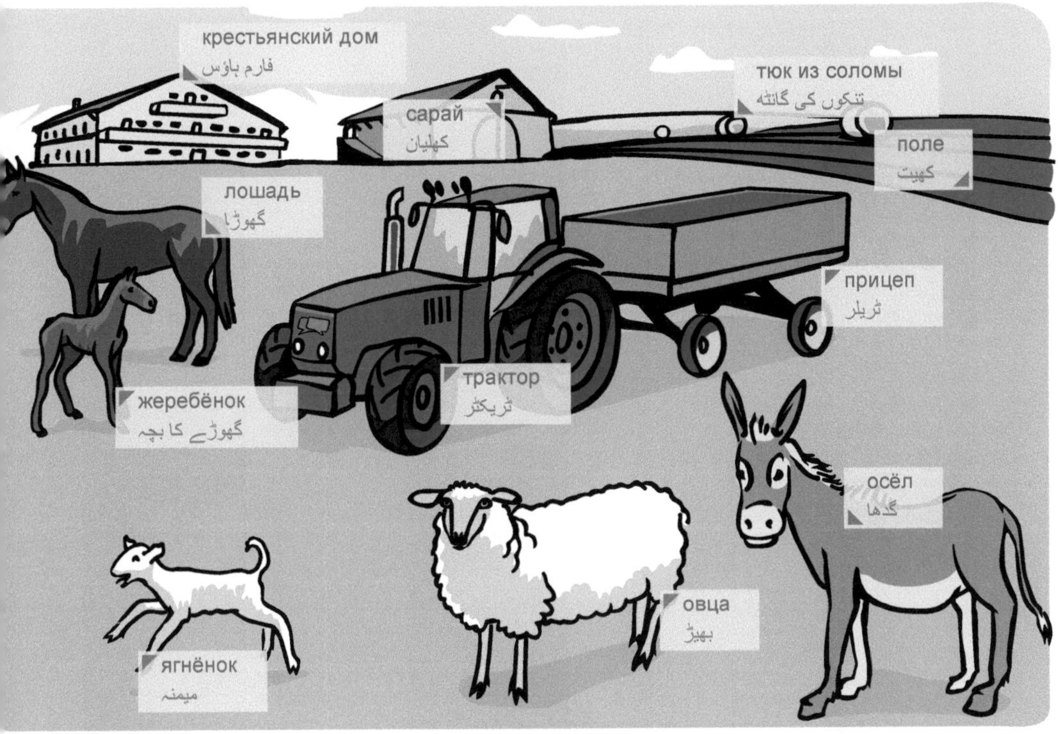

крестьянский дом
فارم ہاؤس
тюк из соломы
تنکوں کی گانٹھ
сарай
کھلیان
поле
کھیت
лошадь
گھوڑا
прицеп
ٹریلر
трактор
ٹریکٹر
жеребёнок
گھوڑے کا بچہ
осёл
گدھا
овца
بھیڑ
ягнёнок
میمنہ

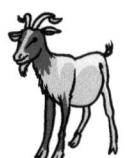

коза

بکری

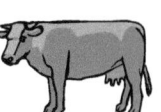

корова

گائے

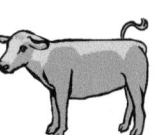

телёнок

بچھڑا

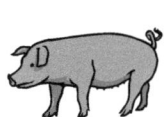

свинья

سؤر

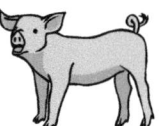

поросёнок

سؤرکابچہ

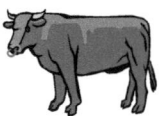

бык

سانڈ

гусь

راج ہنس

утка

بطخ

цыплёнок

چوزہ

курица

مُرغی

петух

مُرغا

крыса

چوہا

кошка

بلی

мышь

چوہا

вол

بیلچہ

собака

کتا

конура

کتے کا گھر

садовый шланг

گارڈن ہاؤس

лейка

پانی کا کین

коса

درانتی

плуг

ہل

серп

درانتی

мотыга

بیلچہ

навозные вилы

ترنگل

топор

کلہاڑا

тачка

ہتھ گاڑی

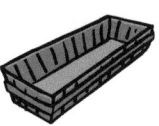

корыто

حوض

бидон для молока

دودھ کا کین

мешок

تھیلا

забор

باڑ

хлев

اصطبل

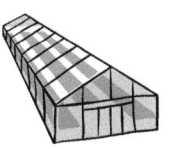

теплица

گرین ہاؤس

почва

مٹی

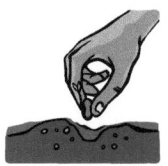

посев

بیج

удобрение

فرٹیلائیزر

комбайн

کمبائن ہارویسٹر

собирать урожай

فصل كاٹنا

урожай

فصل كاٹنا

ямс

افریقی آلو

пшеница

گندم

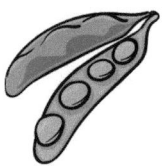

соя

سویا

картофель

آلو

кукуруза

مکئی

рапс

توریا کا تیل

фруктовое дерево

پھلدار درخت

маниок

کساوا

злаки

دلیہ

дом

مکان

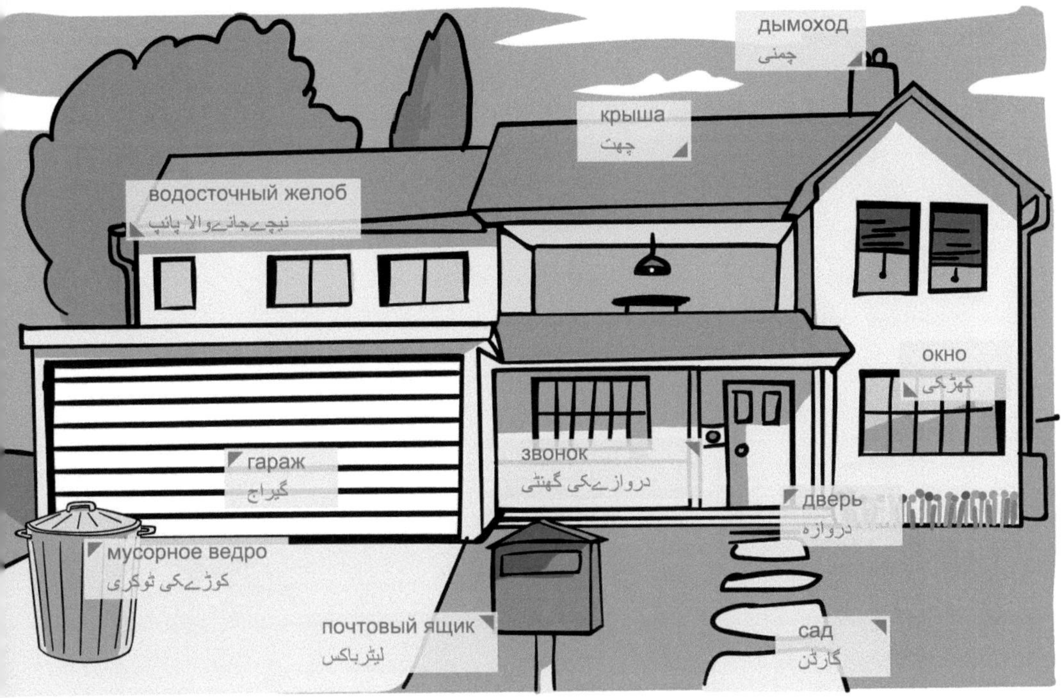

дымоход
چمنی
крыша
چھت
водосточный желоб
نیچے جانے والا پائپ
окно
کھڑکی
гараж
گیراج
звонок
دروازے کی گھنٹی
дверь
دروازہ
мусорное ведро
کوڑے کی ٹوکری
почтовый ящик
لیٹر باکس
сад
گارڈن

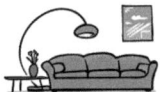

гостиная

لوونگ روم

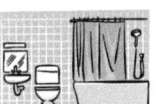

ванная комната

غُسل خانہ

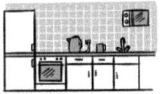

кухня

باورچی خانہ

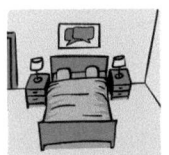

спальня

بیڈروم

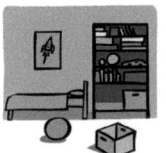

детская комната

بچوں کا کمرہ

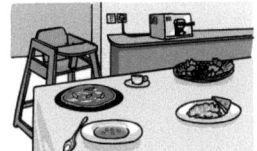

столовая

کھانے کا کمرہ

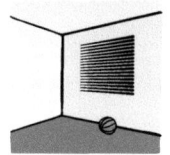

пол

فرش

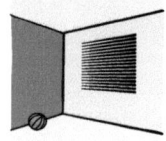

стена

دیوار

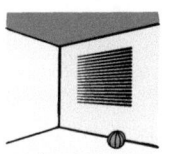

потолок

چھت

подвал

تہ خانہ

сауна

سوانا

балкон

بالکونی

терраса

ٹیریس

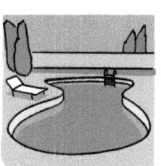

бассейн

پول

газонокосилка

گھاس کاٹنے کی مشین

пододеяльник

چادر

покрывало

چادر

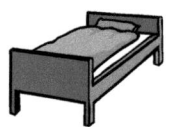

кровать

بستر

метла

جھاڑو

ведро

بالٹی

выключатель

سوئچ

гостиная

لوونگ روم

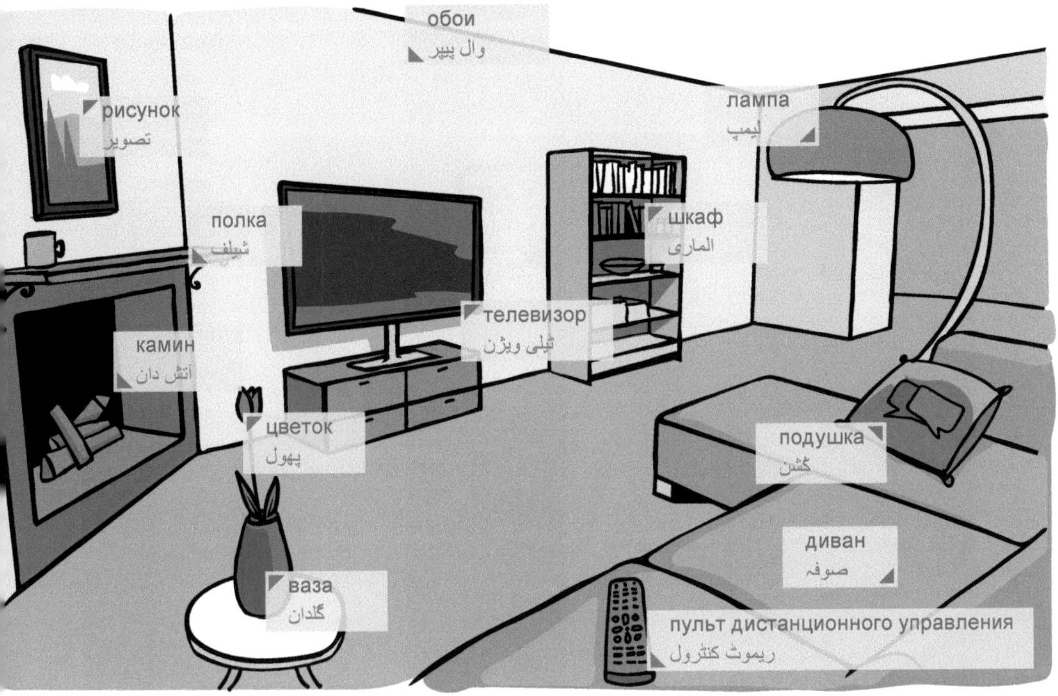

обои
وال پیپر
рисунок
تصویر
лампа
لیمپ
полка
شیلف
шкаф
الماری
телевизор
ٹیلی ویژن
камин
آتش دان
цветок
پھول
подушка
کُشن
диван
صوفہ
ваза
گلدان
пульт дистанционного управления
ریموٹ کنٹرول

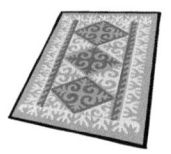

ковёр

قالین

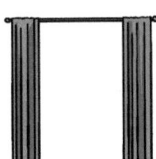

штора

پردے

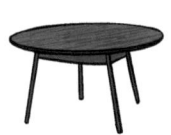

стол

میز

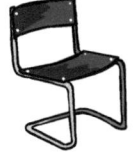

стул

کُرسی

кресло-качалка

ہلنے والی کُرسی

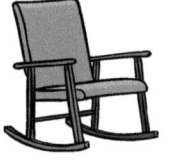

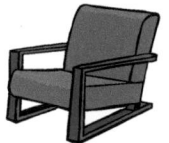

кресло

آرام کُرسی

книга

كتاب

покрывало

كمبل

украшение

آرائش

дрова

جلانے کی لکڑی

фильм

فلم

стереосистема

باجا فانی

ключ

چابی

газета

اخبار

картина

پینٹنگ

плакат

پوسٹر

радио

ریڈیو

блокнот

نوٹ بُک

пылесос

ویکیوم کلینر

кактус

کیکٹس

свеча

موم بتی

кухня
باورچی خانہ

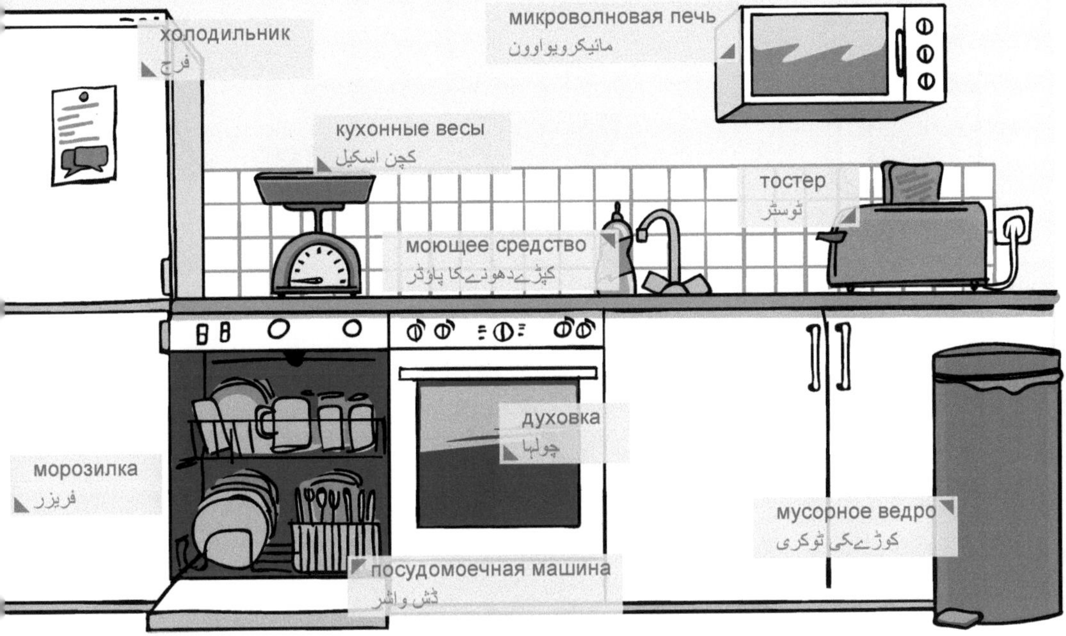
холодильник
فرج
микроволновая печь
مائیکروویواوون
кухонные весы
کچن اسکیل
тостер
ٹوسٹر
моющее средство
کپڑے دھونے کا پاؤڈر
духовка
چولہا
морозилка
فریزر
мусорное ведро
کوڑے کی ٹوکری
посудомоечная машина
ڈش واشر

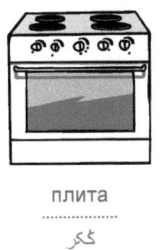

плита
....
ڈکر

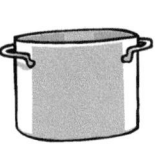

кастрюля
....
برتن

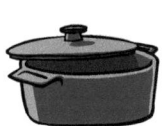

чугунный котелок
....
لوہے کا برتن

вок / кадай
....
کڑاہی

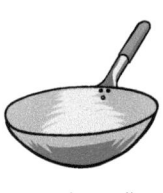

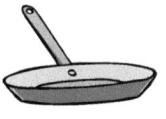

сковорода
....
برتن

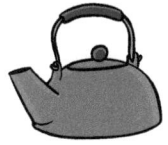

чайник
....
کیتلی

пароварка

استیمر

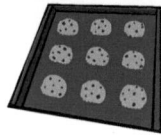

противень

بیکنگ ٹرے

посуда

کراکری

кружка

مگ

миска

پیالہ

палочки для еды

چاپ اسٹکس

половник

ڈوئی

лопатка

کفچہ

сбивалка

جھاڑودینا

сито

مقطر

сито

چھلنی

тёрка

گریٹر

ступка

کونڈی

гриль

باربی کیو

костёр

کھُلی آگ

доска

چاپنگ بورڈ

скалка

بيلن

штопор

کارک اسکریو

жестяная банка

کين

консервный нож

کين اوپنر

прихватка

برتن پکڑنےوالا کپڑا

раковина

سنک

щетка

برش

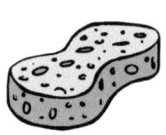

губка

أسپونج

миксер

بلينڈر

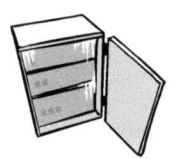

морозильная камера

ڈيپ فريز

бутылочка для кормления

بچےکی بوتل

кран

ٹونٹی

ванная комната

غُسل خانہ

отопление
ہیٹنگ
душ
شاور
полотенце
تولیہ
душевая занавеска
شاور کرٹن
пенистая ванна
ببل باتھ
ванна
باتھ ٹب
стакан
شیشہ
стиральная машина
واشنگ مشین
кран
ٹونٹی
плитка
ٹائلیں
горшок
پاٹی
раковина
سنک

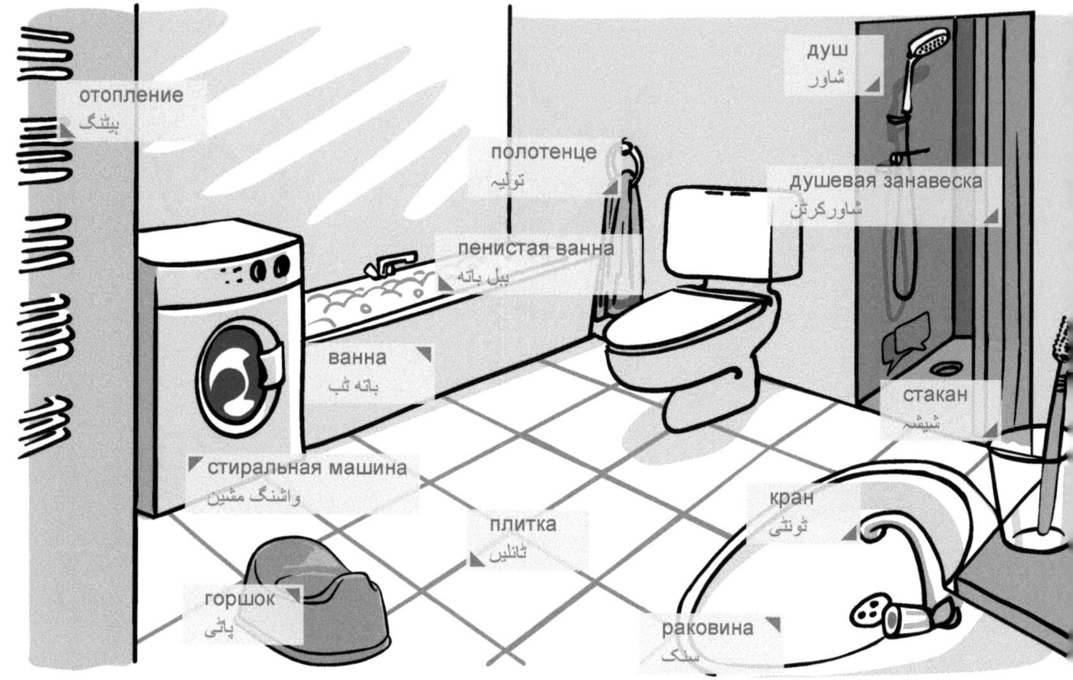

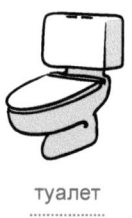

туалет

ٹائلٹ

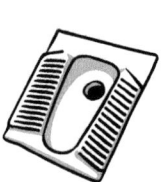

напольный унитаз

دوزانوں بیٹھنے والی ٹائلٹ

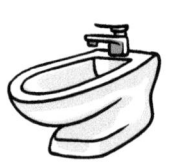

биде

نچلاحصہ دھونے کیلئے پاٹ

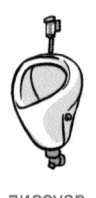

писсуар

پیشاب گاہ

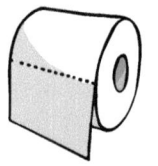

туалетная бумага

ٹائلٹ پیپر

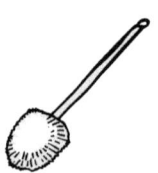

ершик

ٹائلٹ برش

зубная щетка

ٹوتھ برش

зубная паста

ٹوتھ پیسٹ

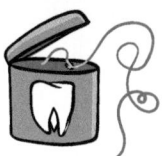

зубная нить

ڈینٹل فلاس

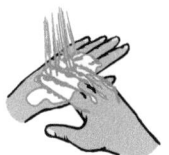

мыть

دھونا

ручной душ

ہینڈ شاور

интимный душ

شاور

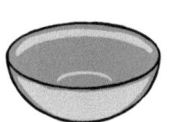

таз

بیسن

щетка для спины

بیک برش

мыло

صابن

гель для душа

شاورجل

шампунь

شیمپو

мочалка

فلالین

сток

ڈرین

крем

کریم

дезодорант

ڈیوڈورنٹ

ванная комната - غسل خانہ

зеркало

آئینہ

ручное зеркало

ہاتھ میں پکڑا جانے والا آئینہ

бритва

ریزر

пена для бритья

شیونگ فوم

лосьон после бритья

آفٹر شیو

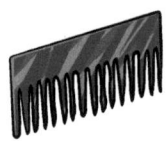

расческа

کنگھی

щетка

برش

фен

ہیئر ڈرائر

лак для волос

ہیئر اسپرے

косметика

میک اپ

губная помада

لپ اسٹک

лак для ногтей

نیل وارنش

вата

روئی

маникюрные ножницы

ناخن کاٹنے کی قینچی

духи

پرفیوم

косметичка

واش بیگ

табуретка

پاخانہ

весы

وزن کرنےکی مشین

халат

باتھ روب

резиновые перчатки

ربڑکے دستانے

тампон

ٹیمپون

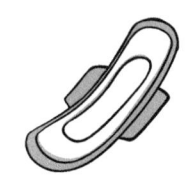

гигиеническая прокладка

سینیٹری ٹاول

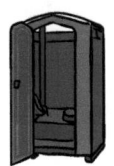

биотуалет

کیمیکل ٹائلٹ

детская комната

بچوں کا کمرہ

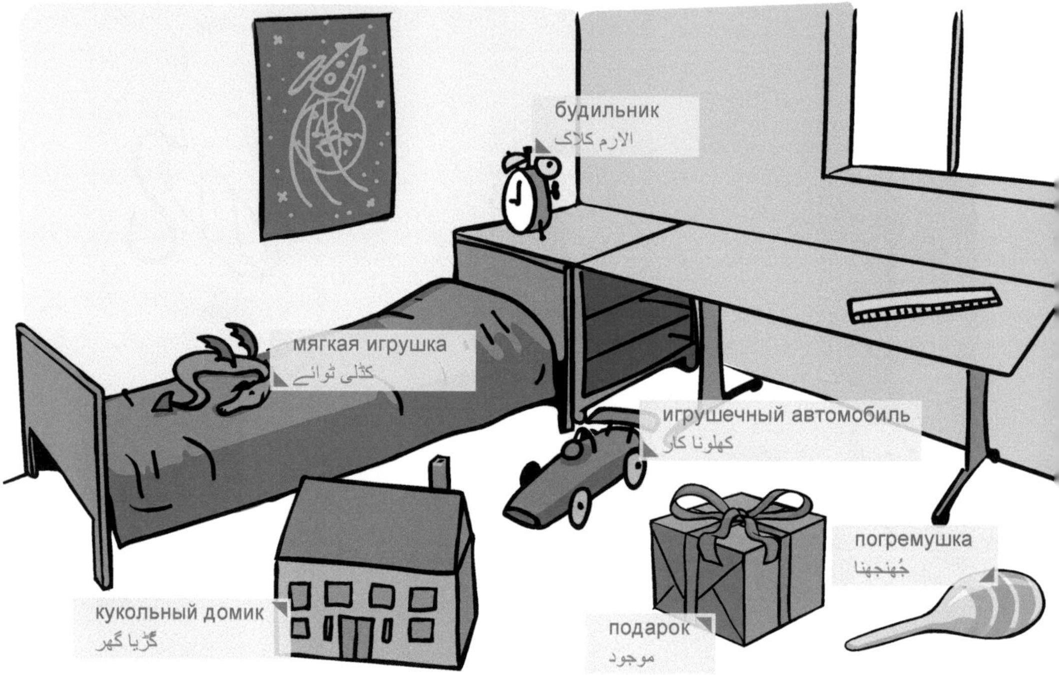

будильник
الارم کلاک
мягкая игрушка
کڈلی ٹوائے
игрушечный автомобиль
کھلونا کار
погремушка
جُھنجھنا
кукольный домик
گڑیا گھر
подарок
موجود

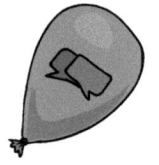

воздушный шар

غبارہ

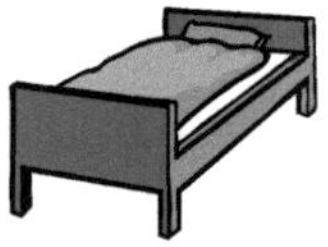

кровать

بستر

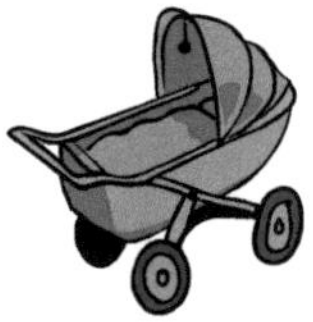

детская коляска

پرام

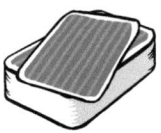

карточная игра

ڈیک آف کارڈز

пазл

جگسا

SUPER
MEGA

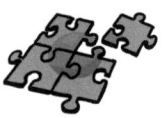

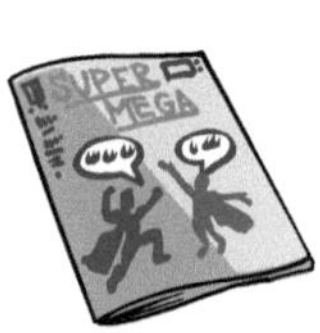

комикс

کامک

кирпичики Лего

ليگو بركس

кубики

کھلونا بلاکس

игрушечная фигурка

ایکشن فگر

ползунки

بچے کا لباس

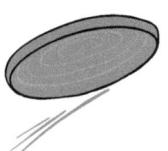

фрисби

فرسبی

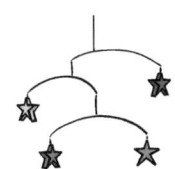

мобиле

کھلونا موبائل

настольная игра

بورڈ گیم

кубик

ڈائس

модель железной дороги

ماڈل ترین سیٹ

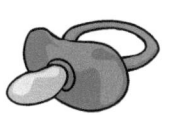

соска

ڈمی

вечеринка

پارٹی

книга с картинками

تصاویر والی کتاب

мяч

گیند

кукла

گڑیا

играть

کھیلنا

песочница

سینڈ پٹ

качели

جھولا جھولنا

игрушка

کھلونے

игровая приставка

وڈیوگیم کنسول

трёхколесный велосипед

تین پہیوں والی سائیکل

плюшевый медвежонок

ٹیڈی بیئر

шкаф для одежды

کپڑوں کی الماری

одежда

لباس

носки

موزے

чулки

اسٹاکنگز

колготки

ٹائٹس

шарф
اسکارف

зонтик
چھتری

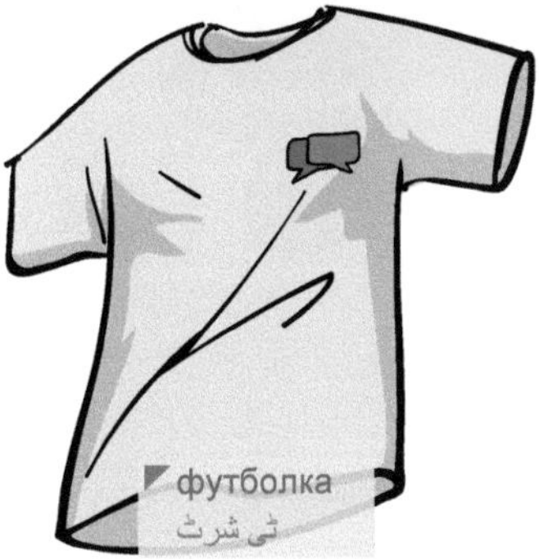

футболка
ٹی شرٹ

ремень
بیلٹ

сапоги
بوٹ

тапки
سلیپر

кроссовки
اسنیکرز

сандалии
سینڈل

ботинки
جوتے

резиновые сапоги
ربڑ کے بوٹس

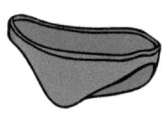

трусы
زیر جامہ

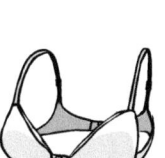

бюстгальтер
بریزنیر

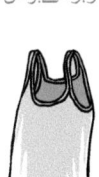

майка
واسکٹ

боди

جسم

брюки

پتلون

джинсы

جینز

юбка

اسکرٹ

блузка

بلاؤز

рубашка

قمیض

свитер

پُل اوور

свитер

سویٹر

спортивная куртка

بلیزر

жакет

جیکٹ

пальто

کوٹ

плащ

رین کوٹ

костюм

کوئی خاص لباس

платье

لباس

свадебное платье

شادی کا لباس

мужской костюм

سوٹ

ночная сорочка

نائٹ گاؤن

пижама

پاجامہ

сари

ساڑھی

платок

سر پر لیا جانے والا اسکارف

тюрбан

پگڑی

паранджа

بُرقع

кафтан

کفتان

абайя

عبایہ

купальник

تیراکی کا سوٹ

плавки

ٹرنک

шорты

نیکر

спортивный костюм

ٹریک سوٹ

фартук

ایپرن

перчатки

دستانے

пуговица

بٹن

очки

عینک

браслет

کنگن

цепочка

ہار

кольцо

انگوٹھی

серьга

کانوں کی بالیاں

шапка

ٹوپی

вешалка

کوٹ ہینگر

шляпа

ہیٹ

галстук

ٹائی

застежка молния

زپ

шлем

ہیلمٹ

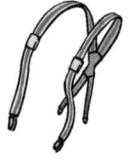

подтяжки

بریسز

школьная форма

سکول یونیفارم

форма

وردی

одежда - لباس

детский нагрудник

بب

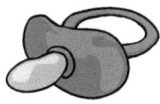

соска

ڈمی

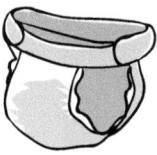

подгузник

نیپی

офис

دفتر

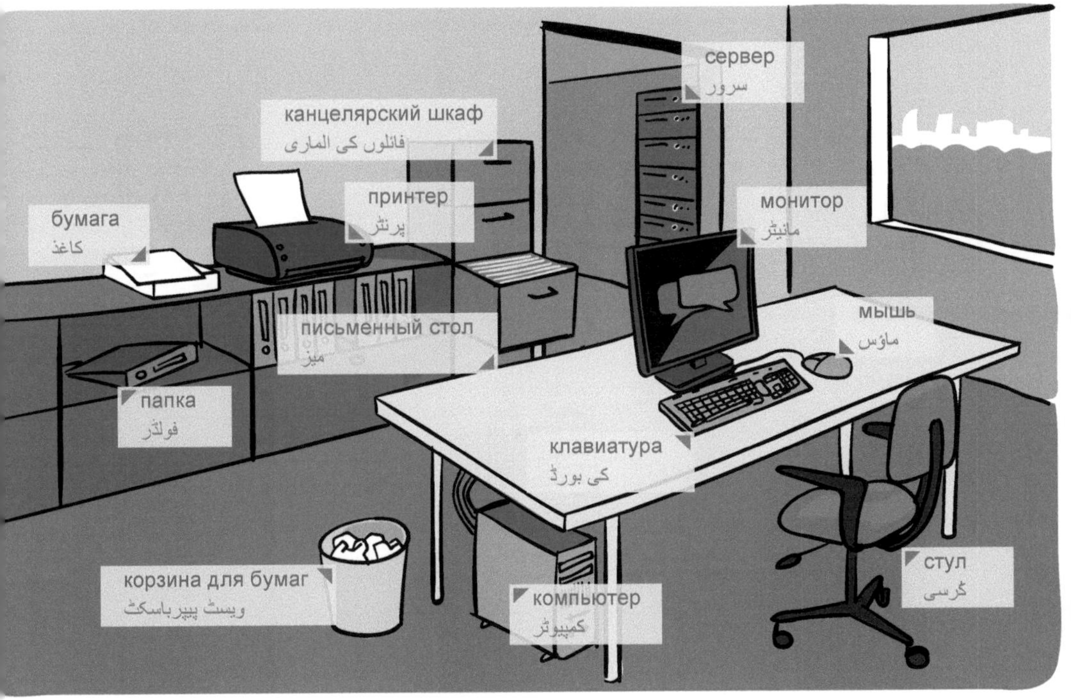

сервер
سرور

канцелярский шкаф
فائلوں کی الماری

монитор
مانیٹر

принтер
پرنٹر

бумага
کاغذ

мышь
ماؤس

письменный стол
میز

папка
فولڈر

клавиатура
کی بورڈ

корзина для бумаг
ویسٹ پیپر باسکٹ

стул
کرسی

компьютер
کمپیوٹر

кофейная кружка

کافی مگ

калькулятор

کیلکولیٹر

интернет

انٹرنیٹ

ноутбук

لیپ ٹاپ

письмо

خط

сообщение

پیغام

мобильный телефон

موبائل

сеть

نیٹ ورک

ксерокс

فوٹوکاپنیر

программа

سافٹ ویئر

телефон

ٹیلی فون

розетка

پلگ ساکٹ

факс

فیکس مشین

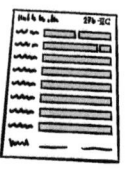

формуляр

فارم

документ

دستاویز

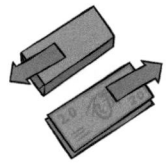

покупать

خریدنا

платить

ادائیگی کرنا

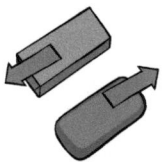

торговать

تجارت کرنا

деньги

رقم

 **USD**

доллар

ڈالر

 **EUR**

евро

یورو

 **JPY**

иена

ین

 **RUB**

рубль

روبل

 **CHF**

франк

سوئس فرانک

 **CNY**

жэньминьби юань

رینمنیبی یوآن

INR

рупия

روپیہ

банкомат

کیش پوائنٹ

пункт обмена валюты

رقم تبدیل کرانے کیلئے دفتر

золото

سونا

серебро

چاندی

нефть

خام تیل

энергия

توانائی

цена

قیمت

договор

معاہدہ

налог

ٹیکس

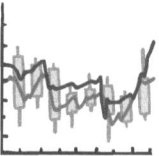

акция

اسٹاک

работать

کام کرنا

служащий

ملازم

работодатель

آجر

фабрика

فیکٹری

магазин

دکان

профессии

پیشے

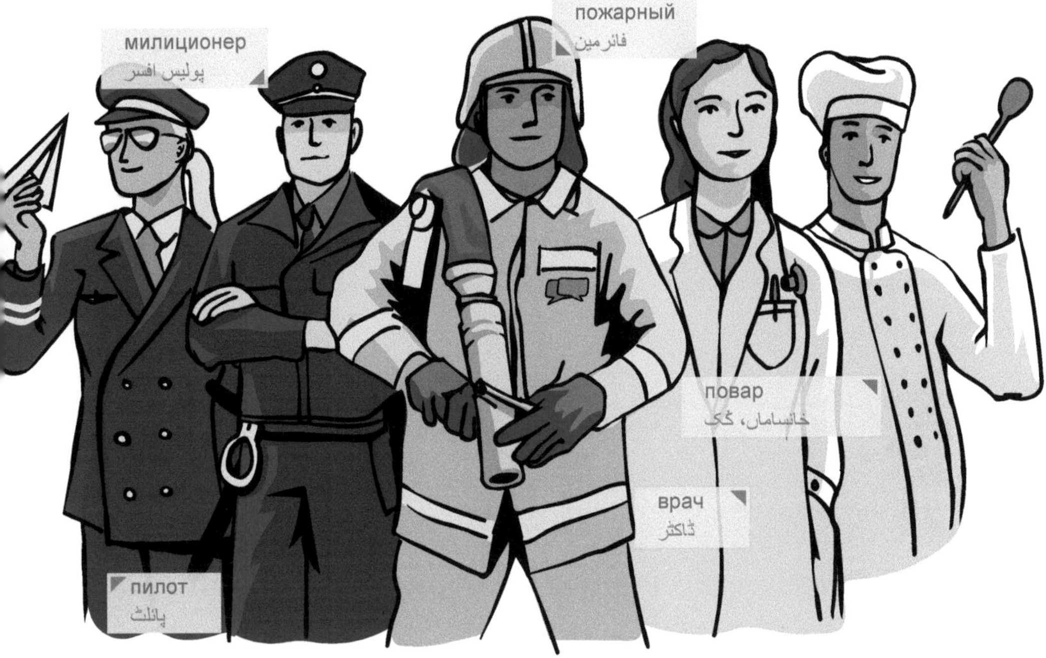
милиционер
پولیس افسر
пожарный
فائرمین
повар
خانساماں، کُک
врач
ڈاکٹر
пилот
پائلٹ

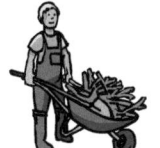

садовник

مالی

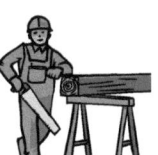

столяр

ترکھان

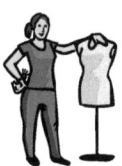

швея

درزن

судья

جج

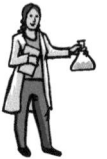

химик

کیمسٹ

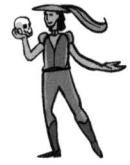

актёр

اداکار

водитель автобуса

بس ڈرائیور

таксист

ٹیکسی ڈرائیور

рыбак

مچھیرا

уборщица

صفائی کرنے والی عورت

кровельщик

چھت بنانے والا

официант

ویٹر

охотник

شکاری

художник

پینٹر

пекарь

بیکر

электрик

الیکٹریشین

строитель

بلڈر

инженер

انجینیر

мясник

قصائی

сантехник

پلمبر

почтальон

ڈاکیا

солдат

سپاہی

архитектор

آرکیٹیکٹ

кассир

کیشیئر

флорист

پھول بیچنےوالا

парикмахер

نائی

кондуктор

کنڈکٹر

механик

مکینک

капитан

کپتان

зубной врач

ڈینٹسٹ

ученый

سائنسدان

раввин

یہودی عالم

имам

امام

монах

راہب

священник

پادری

инструменты

اوزار

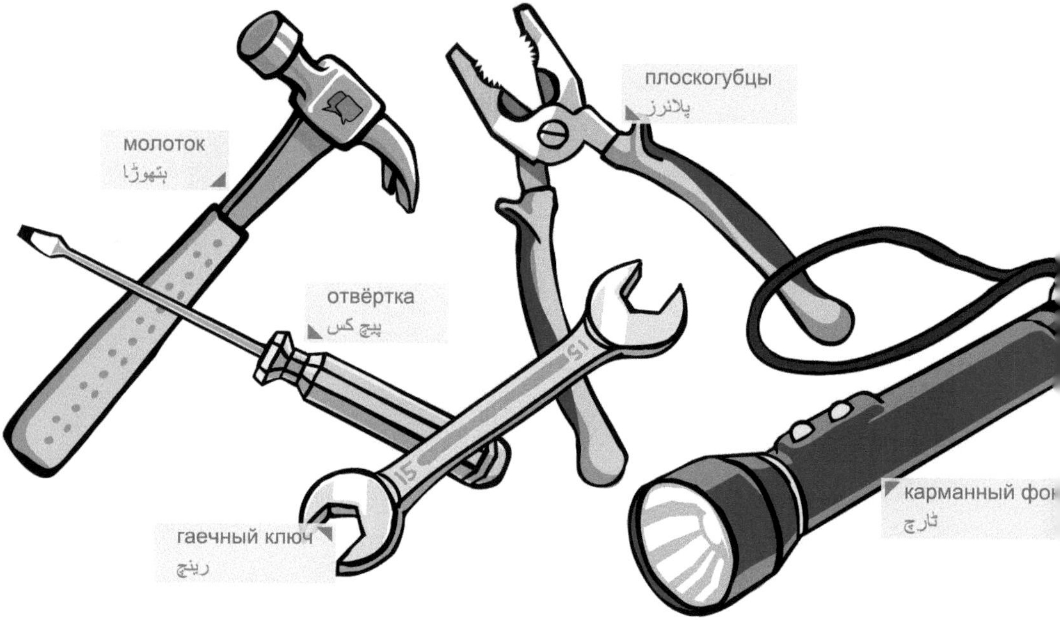
молоток
ہتھوڑا
плоскогубцы
پلائرز
отвёртка
پیچ کس
карманный фо
ٹارچ
гаечный ключ
رینچ

экскаватор

ایکسکویٹر

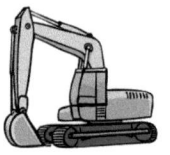

ящик для инструментов

ٹول باکس

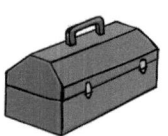

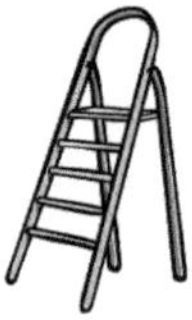

стремянка

سیڑھی

пила

آری

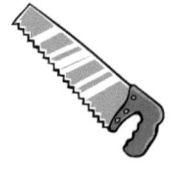

гвозди

کیل

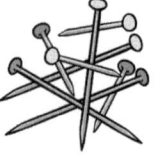

дрель

ڈرل

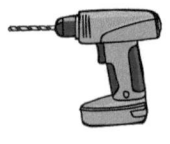

ремонтировать

مرمت کرنا

совок

ٹسٹ پین

лопата

بیلچہ

ведро с краской

پینٹ پاٹ

Блин!

لعنت ہو!

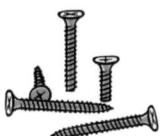

винты

پیچ

музыкальные инструменты
آلات موسیقی

громкоговоритель

لاؤڈ اسپیکر

ударный инструмент

ڈرم سیٹ

гитара

گٹار

контрабас

ڈبل باس

труба

بگل

пианино

پیانو

скрипка

وائلن

бас-гитара

موسیقی کی آواز

литавры

ٹمپانی

барабан

ڈھول، ڈرمز

синтезатор

کی بورڈ

саксофон

سیکسوفون

флейта

بانسری

микрофон

مائیکروفون

зоопарк

چڑیا گھر

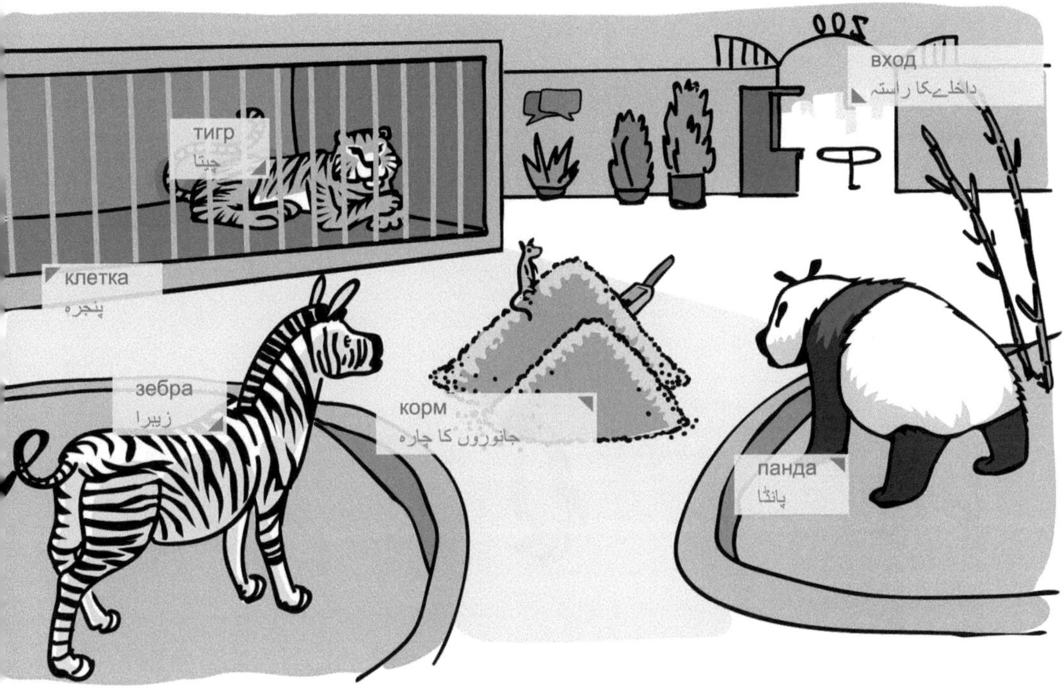

вход
داخلے کا راستہ
тигр
چیتا
клетка
پنجرہ
зебра
زیبرا
корм
جانوروں کا چارہ
панда
پانڈا

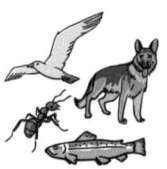

животные

جانور

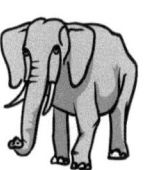

слон

ہاتھی

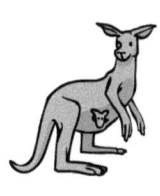

кенгуру

کینگرو

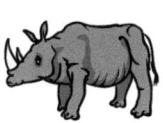

носорог

گینڈا

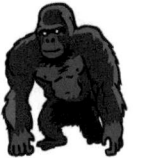

горилла

گوریلا

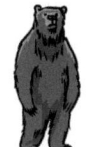

медведь

ریچھ

верблюд

اونٹ

страус

شُتَرمُرغ

лев

شیر

обезьяна

بندر

фламинго

فلیمنگو

попугай

طوطا

белый медведь

قطبی ریچھ

пингвин

کبوتر

акула

شارک

павлин

مور

змея

سانپ

крокодил

مگرمچھ

служитель зоопарка

چڑیا گھر کا محافظ

тюлень

سیل

ягуар

امریکی تیندوا

пони

ٹٹو

леопард

چیتا

бегемот

دریائی گھوڑا

жираф

زرافہ

орёл

عقاب

кабан

سؤر

рыба

مچھلی

черепаха

کچھوا

морж

سمندری گھوڑا

лиса

لومڑی

газель

غزال ہرن

американский футбол
امریکن فٹ بال

езда на велосипеде
سائیکلنگ

теннис
ٹینس

баскетбол
باسکٹ بال

плавание
پیراکی

бокс
باکسنگ

хоккей
آئس ہاکی

футбол

فٹ بال

бадминтон

بیڈمنٹن

лёгкая атлетика

اتھلیٹکس

гандбол

ہینڈ بال

лыжный спорт

اسکیننگ

поло

پولو

действия

سرگرمیاں

ыгать
چھلانگ لگ
обнимать
گلے لگانا
смеяться
ہنسنا
идти
چلنا
петь
گانا
мечтать
خواب دیکھنا
молиться
دُعا کرنا
целовать
چُومنا

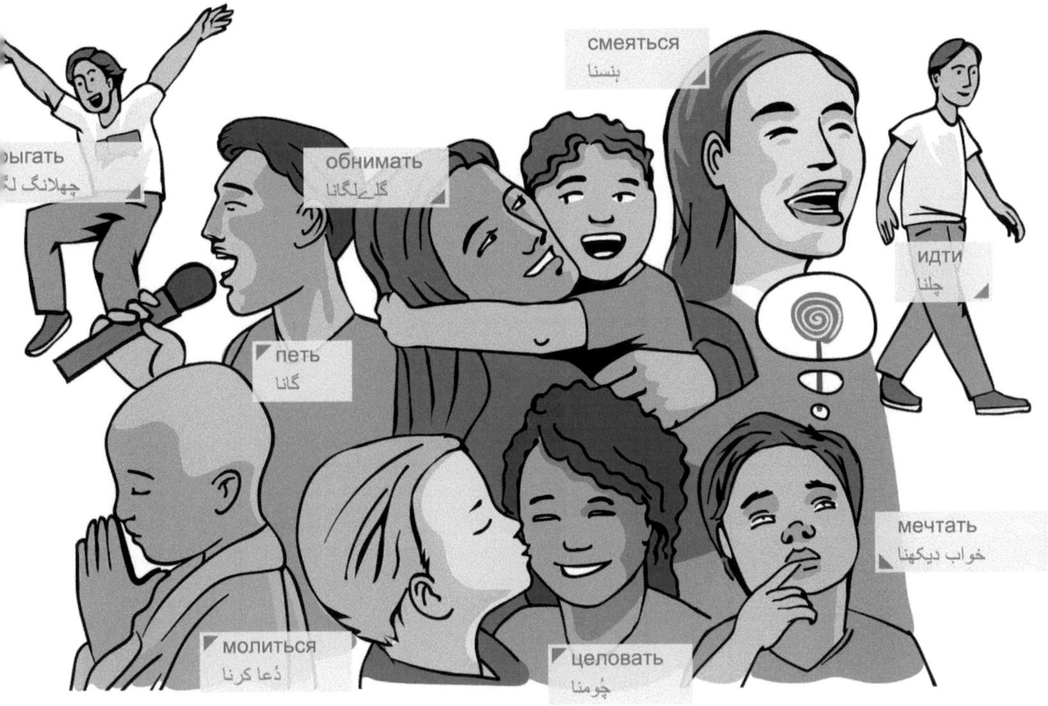

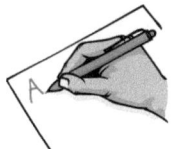

писать

لکھنا

рисовать

تصویرکشی کرنا

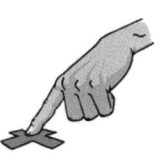

показывать

دکھانا

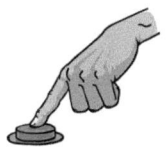

нажимать

آگےکی طرف دھکیلنا

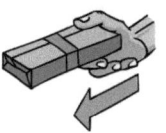

давать

دینا

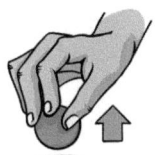

брать

لینا

иметь

رکھنا

делать

کرنا

быть

ہونا

стоять

کھڑا ہونا

бежать

دوڑنا

тянуть

کھینچنا

бросать

پھینکنا

падать

گرنا

лежать

جھوٹ بولنا

ждать

انتظار کرنا

носить

اٹھانا

сидеть

بیٹھنا

надевать

ملبوس ہونا

спать

سونا

просыпаться

جاگنا

рассматривать

دیکھنا

плакать

رونا

гладить

چوٹ لگانا

причесывать

کنگھی کرنا

говорить

بات کرنا

понимать

سمجھنا

спрашивать

پوچھنا

слушать

مُتوجہ ہونا

пить

پینا

кушать

کھانا

наводить порядок

صاف کرنا

любить

پیارکرنا

готовить

پکانا

ехать

گاڑی چلانا

летать

اڑنا

ходить под парусом

بحری سفرکرنا

считать

شمارکریں

читать

پڑھنا

учиться

سیکھنا

работать

کام کرنا

вступать в брак

شادی کرنا

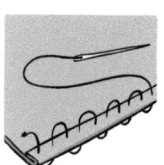

шить

سینا

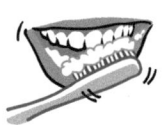

чистить зубы

دانت صاف کرنا

убивать

جان سے ماردینا

курить

تمباکونوشی کرنا

отправлять

بھیجنا

бабушка
دادی

дедушка
دادا

папа
باپ

мама
ماں

младенец
طفل

дочь
بیٹی

сын
بیٹا

гость

مہمان

тетя

چچی

дядя

چچا

брат

بھائی

сестра

بہن

тело

جسم

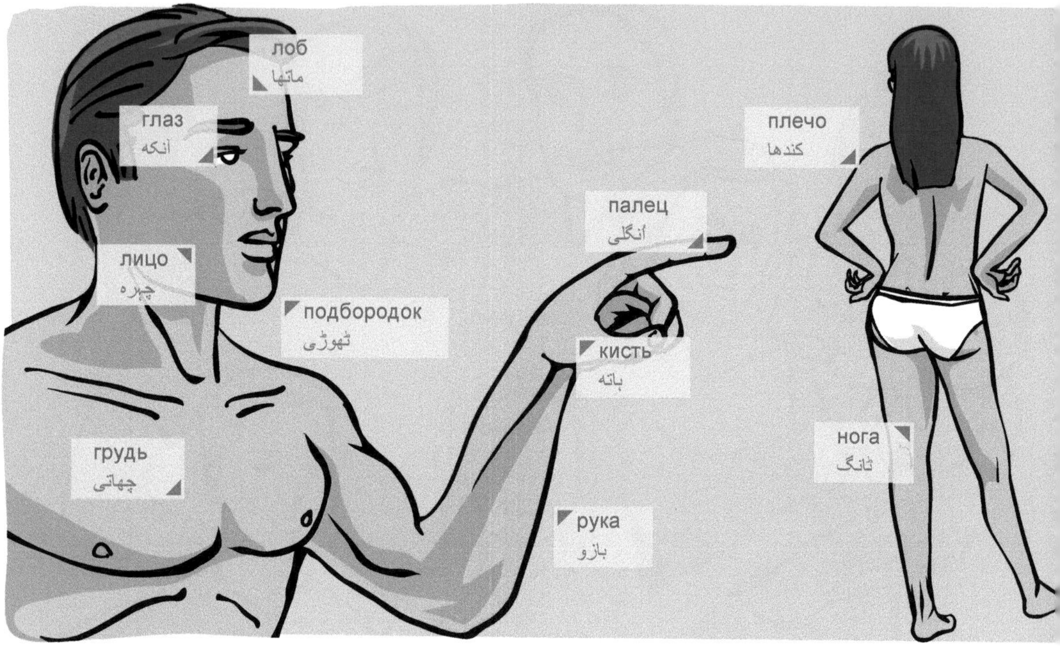
лоб
ماتھا
глаз
آنکھ
плечо
کندھا
палец
انگلی
лицо
چہرہ
подбородок
ٹھوڑی
кисть
ہاتھ
грудь
چھاتی
нога
ٹانگ
рука
بازو

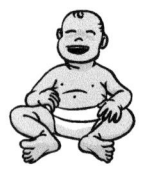

младенец

طفل

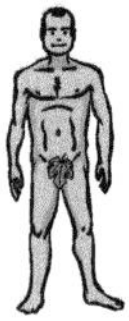

мужчина

آدمی

женщина

عورت

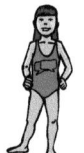

девочка

لڑکی

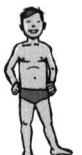

мальчик

لڑکا

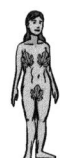

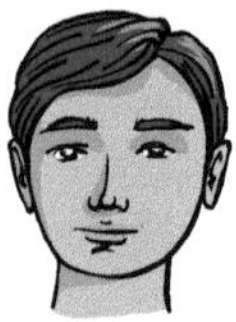

голова

سر

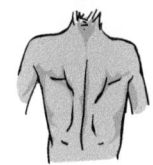

спина

کمر

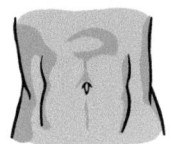

живот

پیٹ

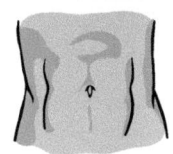

пупок

ناف

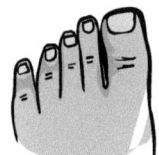

палец ноги

پاؤں کا انگوٹھا

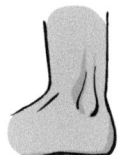

пятка

ایڑھی

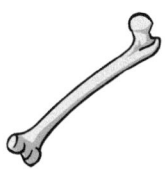

кость

ہڈی

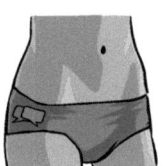

бедро

کولہا

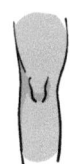

колено

گھٹنا

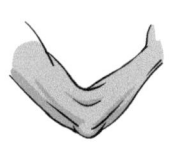

локоть

کہنی

нос

ناک

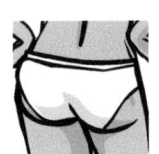

ягодицы

نچلا حصہ

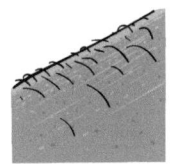

кожа

جلد

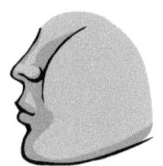

щека

گال

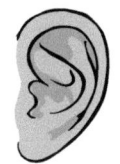

ухо

کان

губа

ہونٹ

тело - جسم

рот

مُنہ

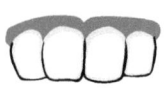

зуб

دانت

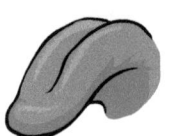

язык

زُبان

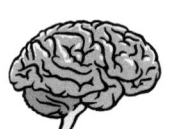

мозг

دماغ

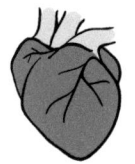

сердце

دل

мышца

پٹھہ

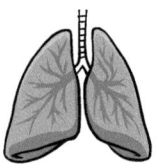

лёгкое

پھیپھڑا

печень

جگر

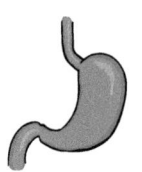

желудок

معدہ

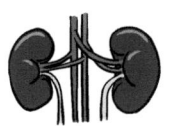

почки

گردے

половой акт

جنس

презерватив

کنڈوم

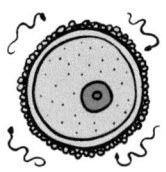

яйцеклетка

بیضہ

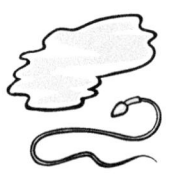

сперма

مادہ منویہ

беременность

حمل

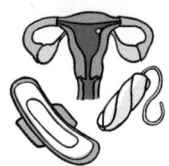

менструация

حیض

вагина

اندام نهانی

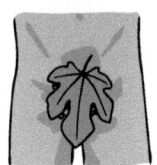

пенис

عضوتناسل

бровь

بھنویں

волосы

بال

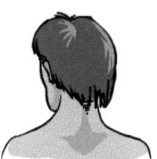

шея

گردن

больница

ہسپتال

больница
ہسپتال
машина скорой помощи
ایمبولینس
кресло-каталка
وہیل چیئر
перелом
ہڈی ٹوٹنا

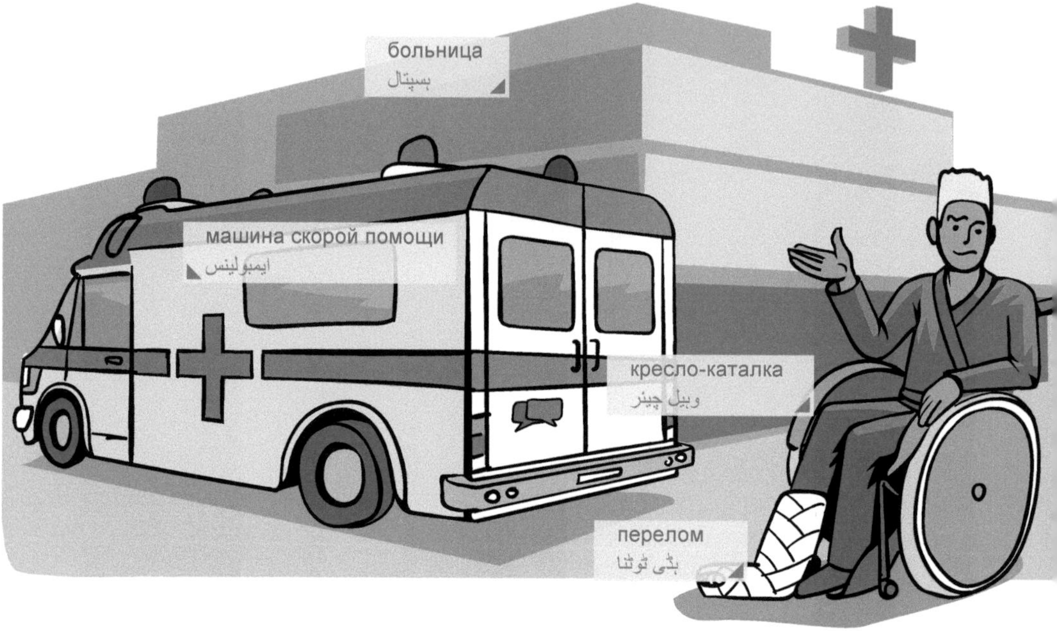

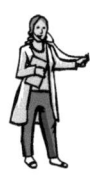

врач

ڈاکٹر

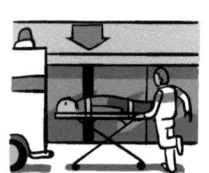

пункт первой помощи

ہنگامی کمرہ

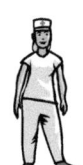

медсестра

نرس

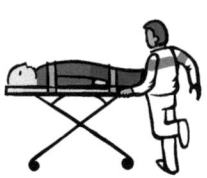

неотложный случай

ہنگامی صورتحال

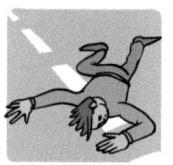

без сознания

بےہوش

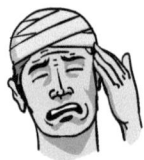

боль

درد

повреждение

زخم

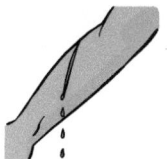

кровотечение

خون بہنا

инфаркт

دل کا دورہ

инсульт

فالج

аллергия

الرجی

кашель

کھانسی

повышенная температура

بخار

грипп

زکام

понос

اسہال

головная боль

سردرد

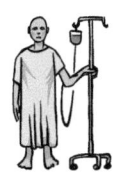

рак

کینسر

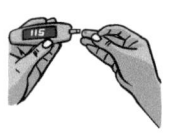

диабет

ذیابیطس

хирург

سرجن

скальпель

نشتر

операция

آپریشن

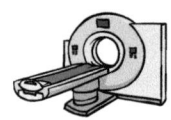

КТ

سی ٹی

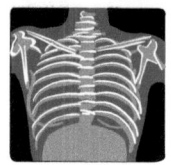

рентген

ایکس رے

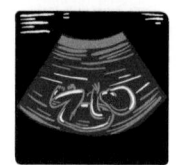

ультразвук

الٹراساؤنڈ

маска

چہرے کا نقاب

болезнь

بیماری

приёмная

انتظارگاہ

костыль

بیساکھی

пластырь

پلاسٹر

бинт

پٹی

укол

انجکشن

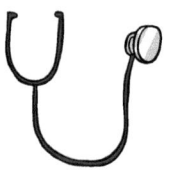

стетоскоп

اسٹیتھواسکوپ

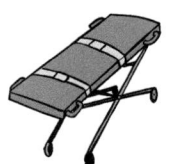

носилки

اسٹریچر

термометр

مطبی تھرما میٹر

рождение

پیدائش

избыточный вес

حد سےزیادہ وزن

слуховой аппарат

آلہ سماعت

дезинфекционное средство

جراثيم كش

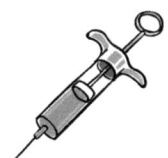

инфекция

انفيكشن

вирус

وائرس

ВИЧ / СПИД

ايچ آئی وی/ ايڈز

лекарство

دوا

прививка

ويكسی نيشن

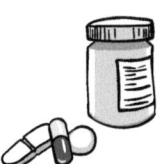

таблетки

گولياں

противозачаточная таблетка

گولی

экстренный вызов

ہنگامی كال

прибор для измерения кровяного давления

بلڈ پريشرمانيٹر

больной / здоровый

بيمار / صحتمند

Помогите!

مدد!

сигнал тревоги

الارم

нападение

مُجرمانہ حملہ

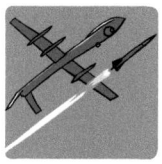

атака

حملہ

опасность

خطرہ

запасной выход

ہنگامی راستہ

Пожар!

آگ!

огнетушитель

آگ بُجھانے والہ آلہ

несчастный случай

حادثہ

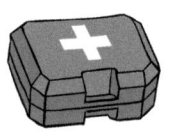

аптечка

ابتدائی طبی امداد کی کٹ

SOS

ایس اوایس

милиция

پولیس

Европа

یورپ

Северная Америка

شمالی امریکه

Южная Америка

جنوبی امریکه

Африка

افریقه

Азия

ایشیا

Австралия

أستُرِيليا

Атлантический океан

بحراوقیانوس

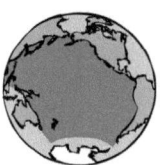

Тихий океан

بحرالکابل

Индийский океан

بحربند

Антарктический океан

بحرقُطب جنوبی

Северный Ледовитый океан

بحرقُطب شمالی

Северный полюс

قُطب شمالی

Южный полюс

قطب جنوبی

Антарктика

انٹارکٹیکا

земля

زمین

суша

زمین

море

سمندر

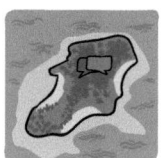

остров

جزیرہ

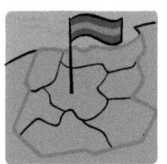

нация

قوم

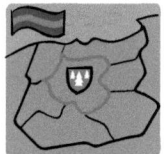

государство

ریاست

циферблат

كلاک كا سامنےكا حصہ

часовая стрелка

گھنٹوں والی سونی

минутная стрелка

منٹوں والی سونی

секундная стрелка

سيكنڈ بينڈ

Который час?

كيا وقت ہوا ہے؟

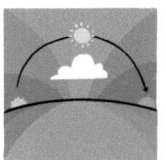

день

دن

время

وقت

сейчас

اب

электронные часы

ڈيجيٹل گھڑی

минута

منٹ

час

گھنٹہ

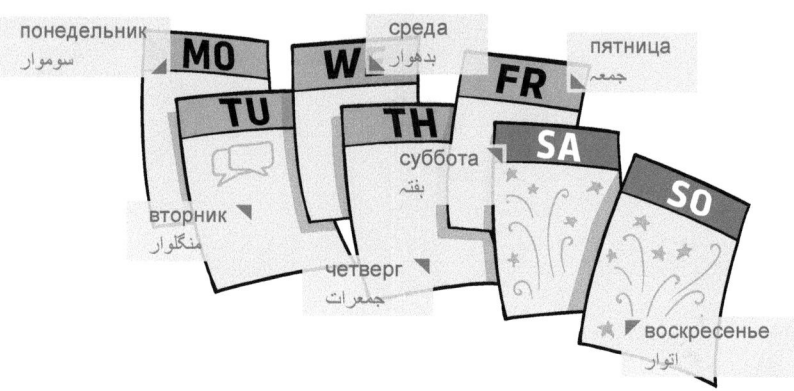

понедельник
سوموار

MO

среда
بدھوار

W

пятница
جمعہ

FR

TU

TH

SA

суббота
ہفتہ

SO

вторник
منگلوار

четверг
جمعرات

воскресенье
اتوار

вчера

گزرا کل

сегодня

آج

завтра

کل

утро

صبح

полдень

دوپہر

вечер

شام

MO	TU	WE	TH	FR	SA	SU
1	2	3	4	5	6	7
8	9	10	11	12	13	14
15	16	17	18	19	20	21
22	23	24	25	26	27	28
29	30	31	1	2	3	4

рабочие дни

کاروباری دن

MO	TU	WE	TH	FR	SA	SU
1	2	3	4	5	6	7
8	9	10	11	12	13	14
15	16	17	18	19	20	21
22	23	24	25	26	27	28
29	30	31	1	2	3	4

выходные

ہفتے کا اختتام

год

سال

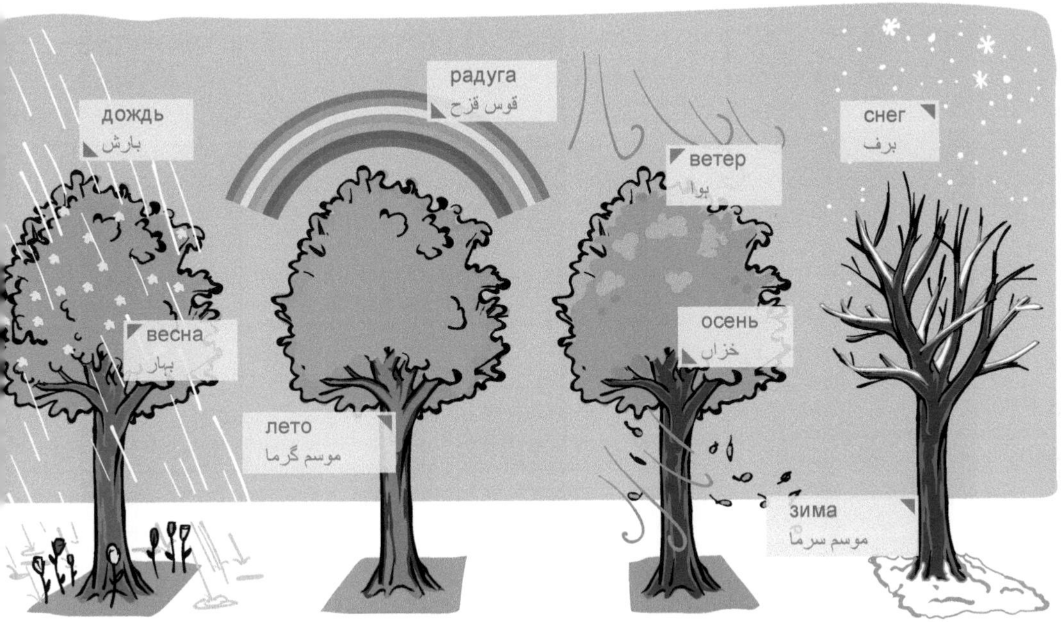

дождь
بارش
радуга
قوس قزح
снег
برف
ветер
ہوا
весна
بہار
осень
خزاں
лето
موسم گرما
зима
موسم سرما

4.APRIL 11°
5.APRIL 4°
6.APRIL 13°
7.APRIL 8°
8.APRIL 10°

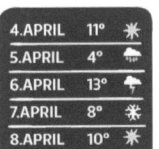

прогноз погоды

موسمی پیش گوئی

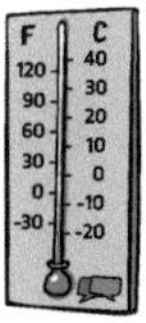

F C
120 40
90 30
60 20
30 10
0 0
-30 -10
-20

термометр

تھرما میٹر

солнечный свет

دھوپ

туча

بادل

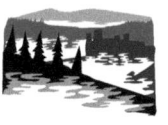

туман

دُھند

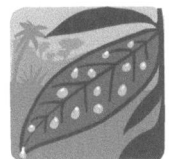

влажность воздуха

حبس

молния

بجلی کوندھنا

гром

بادلوں کی گرج

буря

طوفان

град

ژالہ باری

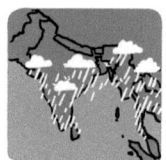

муссон

مون سون

наводнение

سیلاب

лёд

برف

январь

جنوری

февраль

فروری

март

مارچ

апрель

اپریل

май

مئی

июнь

جون

июль

جولائی

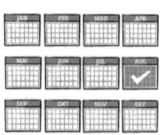

август

اگست

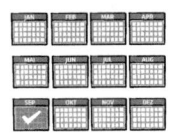

сентябрь

ستمبر

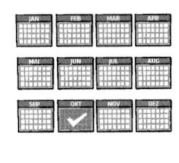

октябрь

اكتوبر

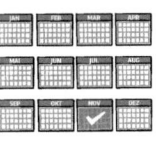

ноябрь

نومبر

декабрь

دسمبر

формы

اشكال

круг

دائره

квадрат

چوكور

прямоугольник

مُستطيل

треугольник

تكون

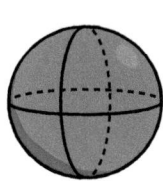

шар

گره

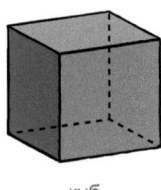

куб

مكعب

белый

سفید

желтый

پیلا

оранжевый

نارنجی

розовый

گلابی

красный

سُرخ

лиловый

جامنی

синий

نیلا

зелёный

سبز

коричневый

بھورا

серый

مٹیالا

черный

سیاہ

много / мало

بہت زیادہ / بہت کم

яростный / мирный

ناراض / پُرسکون

красивый / уродливый

خوبصورت / بدصورت

начало / конец

آغاز / اختتام

большой / маленький

بڑا / چھوٹا

светлый / темный

روشن / اندھیرا

брат / сестра

بھائی / بہن

чистый / грязный

صاف / گندا

полный / неполный

مکمل / نامکمل

день / ночь

دن / رات

мёртвый / живой

زندہ / مُردہ

широкий / узкий

چوڑا / تنگ

съедобный / несъедобный

کھانے کے قابل ہونا / کھانے کے قابل نہ ہونا

злой / дружелюбный

بُرا / اچھا

взволнованный / скучающий

پُرجوش / بوریت کا شکار

толстый / худой

موٹا / دُبلا

сначала / в конце

پہلا / آخری

друг / враг

دوست / دُشمن

полный / пустой

بھرا ہوا / خالی

твёрдый / мягкий

سخت / نرم

тяжёлый / легкий

بوجھل / ہلکا

голод / жажда

بھوک / پیاس

больной / здоровый

بیمار / صحتمَند

незаконный / законный

غیرقانونی / قانونی

умный / глупый

عقلمند / بیوقوف

слева / справа

بائیں / دائیں

близко / далеко

نزدیک / دور

новый / подержанный

نیا / پُرانا

ничто / нечто

کچھ نہیں / کچھ ہے

старый / молодой

بوڑھا / نوجوان

включено / выключено

آن / آف

открыто / закрыто

کھلا / بند

тихо / громко

خاموش / بُلند آواز

богатый / бедный

امیر / غریب

правильный /
неправильный

ٹھیک / غلط

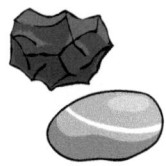

шероховатый / гладкий

کھُردرا / ہموار

печальный / счастливый

افسردہ / خوش

короткий / длинный

مُختصر / طویل

медленный / быстрый

آہستہ / تیز

мокрый / сухой

گیلا / خُشک

тёплый / прохладный

گرم / ٹھنڈا

война / мир

جنگ / امن

противоположности - مخالف

0

ноль

صفر

1

один

ایک

2

два

دو

3

три

تین

4

четыре

چار

5

пять

پانچ

6

шесть

چھ

7

семь

سات

8

восемь

آٹھ

9

девять

نو

10

десять

دس

11

одиннадцать

گیاره

12

двенадцать

باره

13

тринадцать

تيره

14

четырнадцать

چوده

15

пятнадцать

پندره

16

шестнадцать

سوله

17

семнадцать

ستره

18

восемнадцать

اٹھاره

19

девятнадцать

أنيس

20

двадцать

بيس

100

сто

سو

1.000

тысяча

هزار

1.000.000

миллион

دس لاکه

английский

انگریزی

американский английский

امریکی انگریزی

мандаринский китайский

چینی مینڈارین

хинди

ہندی

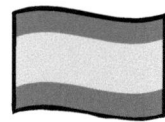

испанский

ہسپانوی

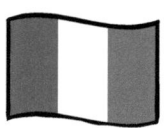

французский

فرانسیسی

арабский

عربی

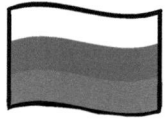

русский

روسی

португальский

پُرتگالی

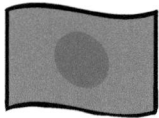

бенгальский

بنگالی

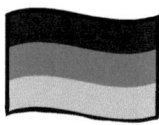

немецкий

جرمن

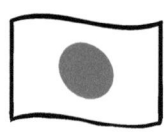

японский

جاپانی

я

میں

ты

تم

он / она / оно

وہ (لڑکا) / وہ (لڑکی) / یہ

мы

ہم

вы

تم

они

وہ

кто?

کون؟

что?

کیا؟

как?

کیسے؟

где?

کہاں؟

когда?

کب؟

HELLO, I AM

имя

نام

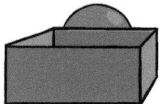

за

پیچھے

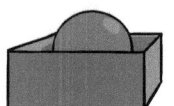

в

میں

перед

کے سامنے

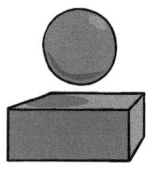

над

اوپر

на

پر

под

نیچے

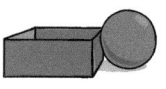

рядом

ساتھ

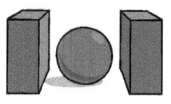

между

درمیان

место

جگہ